SMART MASTERMIND

Smart Working y Trabajo Remoto
-
Psicología del Trabajo y de las Organizaciones para Equipos Virtuales, Redes de Colaboración y Grupos Mastermind

EDOARDO
ZELONI MAGELLI

ISBN: 978-1-80361-364-2 - Enero 2022 - Versión original: Smart Mastermind: Smart Working & Remote Working - Psicología del Lavoro e delle Organizzazioni per Team Virtuali, Reti Collaborative e Gruppi Mastermind

Autor: Psicólogo, Empresario y Consultor Edoardo Zeloni Magelli, nacido en Prato en 1984.En 2010, poco después de graduarse en Psicología del Trabajo y de las Organizaciones, lanzó su primera compañía startup. Como empresario él es el CEO de Zeloni Corporation, una compañía de formación especializada en ciencias mentales aplicadas a los negocios. Su compañía es un punto de referencia para cualquiera que quiera realizar una idea o un proyecto. Como científico de la mente, él es el padre de la Psicología Primordial y ayuda a las personas a potenciar sus mentes en el menor tiempo posible. Un amante de la música y del deporte.

UPGRADE YOUR MIND → zelonimagelli.com

UPGRADE YOUR BUSINESS → zeloni.eu

ÍNDICE

Introducción

Nos guste o no, el futuro de los negocios se llevará a cabo en línea, siempre y cuando la infraestructura global de Internet lo permita. Según los datos de un estudio de FlexJobs, el trabajo remoto se ha disparado en las dos últimas décadas, creciendo un 159% del 2005 al 2017 (Bayern, 2019). Con las interrupciones en el lugar de trabajo causadas por los cambios en estos últimos años, el número de trabajadores remotos en todo el mundo casi se ha triplicado. Tomando a los Estados Unidos como ejemplo, en el pico, el 44% de la población estadounidense trabajaba a distancia a tiempo completo, frente al 17% que se daba con anterioridad al 2019 (Miltz, 2020). Si bien esa cifra máxima se redujo a medida que las restricciones disminuyeron y los trabajadores fueron volviendo a las oficinas, los efectos secundarios han sido claros: los negocios han cambiado.

Según un estudio realizado por Growmotely, tanto el 74% de los profesionales, como el 76% de los empresarios encuestados, están de acuerdo en que el trabajo a distancia será la nueva normalidad (Prossack, 2021). Además, la mayoría de las personas prefieren trabajar en línea. Según un análisis realizado por PMI.it y T-Voice, al 80,74% de los italianos les gustaría trabajar de forma remota al menos dos días a la semana y al 76,8% le gustaría alternar los días de trabajo entre la oficina y el hogar (PMI.it, 2021).

Aunque los cambios a veces pueden ser aterradores, este (el trabajo desde casa), no es un cambio para tenerle miedo. Por el contrario, hay que aceptarlo. Los estudios han demostrado que, tanto si se trata de un empleado como de un empresario o un dueño de un negocio, trabajar desde casa no sólo reduce los costos para todos, sino que también aumenta la productividad. Entonces, si la mayoría lo prefiere, reduce los costos y aumenta la productividad, ¿por qué no trabajar en línea desde casa? Los aspectos positivos superan ampliamente a los negativos.

Tanto si eres propietario de una empresa que está considerando trasladar su negocio a Internet, como si eres un empleado o empresario que se está preparando para el futuro, hay mucho que aprender sobre el trabajo en línea. Si todavía no estás seguro de lo que implica exactamente el trabajo a distancia, este libro lo cubrirá todo. Si quieres saber cómo maximizar tu eficacia trabajando en línea, este libro también responderá a esa pregunta. Si tienes curiosidad por saber cómo colaborar con otras personas, crear y gestionar tus equipos virtuales y formar grupos mastermind, aquí encontrarás todas las respuestas.

Adelántate a los acontecimientos y adopta hoy mismo un modelo de negocio en línea eficiente y eficaz.

Armonía y Equilibrio entre Online y Offline

Antes de continuar, me gustaría aclarar algo. Aunque estoy a favor del trabajo a distancia y de los negocios en línea, sigo siendo un romántico incurable, amante de la cultura y las tradiciones artesanales y culinarias del pasado.

Mientras escribo esto, pienso en las tiendas históricas de las ciudades, las famosas "tiendas de toda la vida" que están desapareciendo.

Me refiero a las maravillosas tiendas de artesanías donde se pueden encontrar productos típicos y autóctonos del lugar, los almacenes y comercios de barrio, el pequeño comercio, las panaderías, las pastelerías, las fruterías, las lecherías, las charcuterías, las vinotecas, las trattorias, las tabernas, los zapateros, los sombrereros, las marroquinerías, las joyerías, las herrerías y los talleres artesanales.

Ahora tengo recuerdos nostálgicos, pensando en los paseos por el centro histórico de mi ciudad natal, Prato, pero también de las demás ciudades y pueblos medievales de mi

Toscana. Si cierro los ojos, todavía puedo oír de fondo graciosas voces procedentes de esas callejuelas atemporales que evocan las antiguas tradiciones del pasado.

Recordémoslas. Las tiendas de artesanía del pasado, son testimonio de la historia, la cultura y la tradición de una ciudad, de la vida de un lugar, del espíritu de una ciudad, son monumentos vivos del pasado, un patrimonio cultural único, son puntos de referencia.

Muy a menudo, las familias de artesanos y comerciantes han transmitido su profesión de generación en generación, garantizando a los clientes un alto nivel de investigación y calidad. Hace sólo unas décadas, para indicar un lugar donde encontrarse, a menudo no se mencionaba una calle o una plaza, sino el nombre de alguna tienda que todos conocían por memoria colectiva (Chifari, 2019).

Me estremece pensar en ver surgir fríos outlets o lugares sin alma para consumir comida basura que ocupen el lugar de las encantadoras tiendas de antaño. ¿Has contemplado alguna vez esos fabulosos palacios del siglo XVI o esas extraordinarias estructuras del siglo XIX con mobiliario de principios del siglo XX?

¿Te has detenido alguna vez a observar esas tiendas históricas centenarias que conservan el encanto de siglos pasados, con su mobiliario de época, sus rótulos antiguos, sus instalaciones, sus frescos y sus pinturas en las bóvedas?

Antes de empezar a hablar de grupos mastermind, redes de colaboración, equipos virtuales y trabajo a distancia, me inclino. Me inclino ante todas las familias que han entregado su vida durante varias generaciones a su negocio, transmitiendo calidad, arte y cultura.

A través de sus actividades, han permitido a los centros urbanos conservar su memoria histórica y, con su "aire romántico de otros tiempos", dar valor a la comunidad y al patrimonio urbano. Estas actividades deben ser protegidas y respaldadas.

El hombre debe ser capaz de encontrar un equilibrio, la justa armonía, la justa alquimia, entre la cultura del pasado y la innovación y el progreso del futuro. Tenemos que ser capaces de aprovechar las oportunidades que ofrece el mundo online, pero al mismo tiempo no olvidar lo hermosa que es la vida real en comparación con el mundo virtual. Gracias a las oportunidades que ofrece el mundo online, es posible tener más tiempo libre y mayores ingresos económicos, lo que nos permite disfrutar mejor de la belleza del mundo offline.

Todos pueden aprovechar las oportunidades que ofrece el mundo online, incluidos los comercios históricos, que pueden dar a conocer su negocio en todo el mundo, establecer colaboraciones y asociaciones internacionales, e incluso "monetizar" sus conocimientos creando cursos en video y libros para transmitir su cultura y tradición.

Espero que la humanidad sea capaz de encontrar el justo equilibrio entre ambas realidades, con la esperanza de ver florecer a todas las tiendas históricas que aún desarrollan su actividad.

Dale un Impulso a Tu Negocio

Como ya se ha mencionado, no se pueden subestimar los aspectos positivos del trabajo a distancia, que no sólo mejora la vida de los empresarios, sino también la de los empleados. Los empleados son más productivos cuando trabajan desde el lugar que elijan, ya que no sufren el estrés que se puede manifestar en los lugares de trabajo o en el trayecto de ida y vuelta a la oficina.

El estrés que a menudo se encuentra en los lugares de trabajo, da lugar a una producción más lenta de ideas, que a menudo carecen también de creatividad. Cuando se elimina este estrés, se consigue una mayor concentración, colaboración y, en general, mejores resultados en los proyectos. El aumento de la capacidad mental de los empleados conducirá a una mejor comunicación entre los miembros del grupo de trabajo. El concepto de orientación y colaboración entre iguales, puede ser la ventaja que necesita tu empresa. Sigue leyendo para descubrir cómo puedes conseguir que tus equipos trabajen de forma "inteligente".

Hay casos en los que el trabajo a distancia puede empeorar la productividad y la comunicación empresarial. Otros en los que puedes poner en riesgo tu salud mental y física y dañar tu cerebro. Analizaremos todo esto para que puedas aumentar la productividad y trabajar a distancia de forma saludable y rentable.

1. Smart Working (Trabajo Ágil)

Los objetivos de tu empresa pueden volverse tortuosos debido a los constantes cambios que sufre la cultura laboral. Por lo tanto, para recuperar esos objetivos y hacer que los cambios se conviertan en ventajas, lo primero que puedes implementar es el Smart Working o Trabajo Ágil. La transformación de la tecnología que ha marcado el auge de la era digital es una fuerza imparable. El trabajo ágil puede definirse como un modelo de trabajo a distancia que utiliza sus oportunidades para crear un entorno de trabajo flexible, colaborativo y eficiente.

El objetivo del trabajo ágil es poder dotar a los empleados de las habilidades y herramientas que les permitan ser eficaces y eficientes. Las habilidades y herramientas varían y pueden incluir, entre otras cosas, la cultura de trabajo, los estilos de liderazgo con los que interactúan los empleados y el tipo de tecnología y el acceso a los recursos que pueden utilizar.

Un mayor control y autonomía que un empleado pueda ejercer sobre los factores que le permitan realizar su trabajo, crea un entorno que le permitirá optimizar sus esfuerzos enfoscándolos en los proyectos. Así pues, el trabajo ágil es un enfoque flexible que se basa en la confianza y la responsabilidad de los trabajadores, que deben cumplir las directrices de la empresa. Los empleados pueden realizar el trabajo desde diferentes lugares y suelen ser evaluados y gestionados en función de sus resultados.

La tecnología desempeña un papel esencial en el trabajo ágil, ya que proporciona flexibilidad, lo que permite el crecimiento y la innovación en las empresas. Mediante el trabajo ágil, un modelo de trabajo a distancia que integra las nuevas tecnologías con las ya existentes, se consigue un trabajo significativo y gratificante. La idea que subyace al trabajo ágil es automatizar al máximo el trabajo para mantener la continuidad. El conjunto de prácticas que suelen caracterizar el trabajo ágil son la flexibilidad horaria, la localización y la capacidad de compartir responsabilidades en tiempo real. Esto permite completar los proyectos de forma más eficiente, así como mantener una coherencia que a veces se pierde cuando los equipos no trabajan juntos físicamente.

Dados los recientes cambios que estamos experimentando, el trabajo a distancia se ha hecho necesario y ha dado lugar a que los empleados busquen un trabajo significativo que pueda realizarse desde cualquier lugar, lo que hace que el uso del modelo empresarial de trabajo ágil sea una herramienta esencial.

En este capítulo se abordarán las ventajas del smart working, así como las desventajas que puede tener este modelo de trabajo. Además, se compartirán consejos sobre cómo hacer que el smart working funcione para tu empresa.

Fig. 1: Herramientas utilizadas en el smart working.

Beneficios del Smart Working

Aumento de la Productividad

Los empleados tienen la flexibilidad de decidir cuándo, dónde y cómo quieren trabajar, lo que les lleva a realizar el mejor trabajo posible. Además, al ser las reuniones en línea, suelen ser más breves y eficaces, lo que ahorra tiempo tanto a los directivos como a los empleados y les deja más tiempo para realizar otras tareas laborales. El uso de la tecnología también significa que no hay pausas innecesarias, que a menudo forman parte de la cultura de la oficina. El trabajador puede estar más concentrado porque se preserva de las distracciones en el lugar de trabajo, como las voces molestas y los ruidos de los compañeros.

Mejora de la Gestión

Ahora que los empleados son capaces de gestionar su propio tiempo y de producir potencialmente su mejor trabajo posible, los directivos no pasan el tiempo rondando hora tras hora. Esto crea tiempo para que los gerentes se centren en el objetivo de los proyectos y no en quienes hacen el trabajo. Ahora pueden dirigir sus proyectos con más claridad hacia los objetivos prioritarios de la empresa.

El Medio Ambiente

El smart working no sólo afecta a las empresas y a las personas, sino también al medio ambiente en general. El transporte, tanto individual como público, provoca contaminación. Gracias a las empresas que adoptan el trabajo ágil y muchas que trabajan desde casa, el transporte se reduce y, por tanto, los niveles de contaminación también. Reducir los viajes innecesarios en coche tiene un impacto positivo en el medio ambiente, y evitar el estrés del tráfico es bueno para la salud.

Desventajas del Smart Working

Finanzas

Aunque el trabajo ágil puede reducir los costos para las empresas, a veces puede suponer una carga para las finanzas de los empleados, dependiendo de la situación de cada uno de su oficina en casa. Las empresas se ahorrarán los costos de mantenimiento de los espacios físicos. Sin embargo, los empleados tendrán costos iniciales por acondicionar sus nuevos espacios para la oficina en casa. También pueden incurrir en costos adicionales por la electricidad o el aumento de las facturas de Internet, debido a las velocidades más rápidas requeridas para el trabajo.

Disminución de la Productividad

Si no existe un plan o un cronograma sobre cómo se va a dividir el trabajo o los plazos para cumplir los objetivos, el smart working tiene el potencial de ser improductivo. Esto podría dar lugar a una situación de prevalencia de la cantidad sobre la calidad, con empleados que cobran, pero los resultados del proyecto no se materializan.

También servirá para desarrollar la capacidad de mantener la concentración y resistir las distracciones que ofrecen los dispositivos tecnológicos. La atención es poder. Las personas pasan el 46,9% de sus horas de vigilia pensando en algo distinto de lo que están haciendo, y este divague mental suele hacerlas infelices (Bradt, 2010). El mundo digital no hace más que amplificar este fenómeno de "desatención al aquí y ahora", poniéndonos en contacto con otros mundos y otras personas, más o menos lejanas (Carciofi, 2017). Las empresas tendrán que invertir en formación para ayudar a sus equipos a gestionar las distracciones digitales.

Aislamiento

El smart working se realiza desde ubicaciones remotas y, como tal, los compañeros de trabajo no interactúan entre sí de la manera habitual. Esto podría llevar a un sentimiento de aislamiento de sus colegas y causar una pérdida de identificación con la empresa. Esta pérdida de identificación, también podría aislar a los empleados de su trabajo y distraerlos de los objetivos del proyecto. Esto también podría dar lugar a una disminución de la productividad y a un trabajo potencialmente deficiente.

Hiperconexión, Workaholism y Síndrome de Burnout

Muchos empleados que trabajan en la modalidad de smart working, desarrollan una hiperconexión, sienten una necesidad excesiva de estar constantemente conectados a internet para realizar su trabajo. Se sienten obligados a estar disponibles en todo momento del día y con el tiempo se vuelven incapaces de desconectarse de internet.

En la mayoría de los casos, no se dan cuenta de que el tiempo pasa, se alejan del mundo real y acaban trabajando más de lo que deberían. Este exceso de trabajo suele provocar estrés psicofísico. Actualmente hay pruebas de que los dispositivos móviles pueden aumentar los niveles de estrés.

En casos más extremos, se pueden desarrollar adicciones al trabajo, como el workaholism (una combinación de las palabras trabajo y alcoholismo), "la compulsión o la necesidad incontrolable de trabajar incesantemente" (Oates, 1971), una adicción a la actividad laboral. [1]

1. ¿Cuáles son las diferencias entre el compromiso laboral (work engagement), la adicción al trabajo y el workaholism? Estos términos pueden describirse, respectivamente, como la forma sana y la forma patológica de la fuerte inversión de tiempo y energía en el trabajo (Di Stefano & Gaudiino, 2019).

Estos términos aún no han sido distinguidos clara y adecuadamente por los estudiosos e investigadores del tema, ya que parecen mostrar algunas características que se superponen. Son formas de exceso de trabajo, y a menudo se utilizan indistintamente en la literatura. Aunque el workaholism y la adicción al trabajo se superponen en algunos puntos, algunos componentes de su significado pueden diferir (Griffiths et al., 2018).

Algunos autores propusieron que la adicción al trabajo era un construcción psicológica, mientras que el workaholism era un término más genérico que indicaba un comportamiento cotidiano relacionado con el trabajo y no una patología (Clark et al., 2020; Griffiths et al., 2018). Es posible desentrañar las diferencias entre la adicción al trabajo y el workaholism prestando atención no solo a su composición, sino también a los factores que los determinan (Morkevičiūtė & Endriulaitiene, 2021).

En teoría, trabajar más debería conducir a una mayor productividad, pero las investigaciones en psicología y medicina demuestran lo contrario (Carciofi, 2017). Existe una correlación positiva entre el aumento de las horas de trabajo y el aumento de los problemas relacionados con el dolor de cabeza, el insomnio y el síndrome de burnout.

El burnout es un síndrome psicológico de estrés laboral, un estado de despersonalización, de alienación y agotamiento a nivel emocional, físico y mental. El estrés laboral disminuye de forma natural el sistema inmunitario y aumenta el riesgo de enfermedades cardíacas, hipertensión, obesidad, diabetes y cáncer.

Fig. 2: Entre las desventajas del smart working podemos encontrar la disminución de la motivación y la productividad.

Estar conectado todo el tiempo es perjudicial. Muchas personas empiezan a mostrar comportamientos obsesivos y patológicos, como revisar las bandejas de entrada de los correos electrónicos todo el día o chequear constantemente sus smartphones para comprobar las notificaciones y lo que ocurre en las redes sociales. Quienes trabajan con dispositivos tecnológicos por la noche también corren el riesgo de alterar su ritmo circadiano de sueño.

Sin embargo, me gustaría señalar que el problema no es el trabajo ágil, sino cómo se trabaja en el trabajo ágil. Por ello, sigo reiterando la importancia de la formación corporativa. Las empresas tendrán que invertir en formación para enseñar a sus equipos a implementar el smart working.

Consejos para el Smart Working

El smart working se basa en el mundo virtual y puede ser difícil acostumbrarse a él. Sin embargo, tratar la flexibilidad y la virtualidad como algo predeterminado garantizará que ésta sea la base de la cultura de la empresa. El resultado será un trabajo ágil eficiente y eficaz. Además, a la hora de asignar las tareas, hay que tener en cuenta la **flexibilidad** que se ofrece a los empleados. Esto significa crear proyectos que puedan llevarse a cabo utilizando las habilidades de todo el equipo y asegurarse de que todos los empleados utilizan el modelo de Smart Work.

El modelo de Smart Work tiene su fundamento en la

confianza, y la dirección debe demostrarlo permitiendo a los empleados trabajar sin que se les acose constantemente o se les bombardee con reuniones en línea. En cambio, si se controla cuando es necesario y se fijan **plazos realistas**, se fomentará una cultura de confianza y se obtendrán mejores resultados en los proyectos. Esta herramienta permite a los directivos juzgar la calidad de un empleado por el trabajo que realiza, en lugar de por su presencia en la oficina.

Para garantizar que el modelo de trabajo ágil se utiliza en todo su potencial, los directivos deben estar atentos a cualquier problema que pueda surgir. Los directivos tendrán que utilizar sus **habilidades comunicativas e interpersonales** y **sus cualidades humanas.** Las soluciones deben encontrarse a través de una comunicación honesta y abierta entre los empleados y la dirección. Esto permitirá continuar con el trabajo ágil y construir la base de confianza necesaria para que los empleados tengan flexibilidad.

A veces también será muy importante crear situaciones para **reunir a todo el equipo de manera presencial.** La combinación de la experiencia en la oficina y la experiencia digital da a la empresa una mayor posibilidad de eficacia.

Incluso a distancia, es una buena idea tomar "cafés digitales" para **mantener el contacto con las personas.** Esto es esencial, es una forma de continuar con las "viejas charlas de oficina".

Dar confianza a la gente es crucial, así como asegurarse de dar todas las herramientas necesarias a los empleados para que hagan su mejor trabajo.

Por lo tanto, desde el punto de vista tecnológico es necesario hacer un buen **chequeo de la empresa**:

- *¿Estás seguro de que todas las personas involucradas en la empresa tienen la misma experiencia desde casa que en la oficina, en términos de aplicaciones, software, procesos, facturación, compromiso con el cliente y comunicación?*

- *¿Son seguros los procesos y sistemas de la empresa?*

- *¿Cómo se puedes garantizar que esta experiencia acelere la innovación en todo lo que se hace?*

La empresa debe encargarse de proporcionar toda la información y herramientas necesarias para ayudar a aprovechar esta forma de trabajo, varias veces he mencionado la necesidad de ofrecer cursos de formación específicos.

Además, quienes trabajan en la modalidad de smart working deberán:

- *Desarrollar las competencias para trabajar en esa modalidad. Algunas personas están preparadas para hacerlo, otras son menos capaces. Se necesita tiempo para aprender.*

- *Crear un entorno propicio para sentirse bien. Sentirte bien en tu propia casa es muy importante. Si estás en un entorno en el que te sientes bien, puedes afrontar todos los problemas laborales con mejor actitud.*

- *Acostúmbrate a que te juzguen por tus resultados. Muchas personas están acostumbradas a ver el trabajo como una serie de esfuerzos y actividades que se realizan sin tener en cuenta los resultados. Tienes que prestar menos atención a las actividades que realizas y centrarte más en los resultados.*

- *Entiende que al trabajar en smart working ya no estás "compitiendo" con los profesionales de tu propia ciudad, sino con gente de todo el mundo. Te vuelves fácilmente reemplazable. Por eso hay que ser bueno en lo que se haces, debes ser tan bueno como para convierte en "insustituible".*

- *Desarrollar la autodisciplina, el sentido de la responsabilidad y motivarse uno mismo.*

- *Desarrollar una gran capacidad de organización para encontrar el equilibrio adecuado entre el trabajo y la vida privada. Por lo tanto, hay que saber establecer los límites entre la vida privada y la vida laboral. Establecer horarios precisos, llevar un calendario y tener una agenda podrían ser de gran ayuda.*

- *Saber hacer pausas, pero no en exceso.*

La directiva deberá tener en cuenta los siguientes puntos:

- *El despido se hará más fácil y menos traumático, porque al no haber una relación en vivo, se desarrollan relaciones menos profundas.*

- *Es importante saber cuándo es el momento de mantener alta la moral del equipo y motivarlo.*

- *Si tienes personas en tu equipo repartidas por todo el mundo, es importante tener en cuenta la zona horaria a la hora de programar las reuniones y los plazos de trabajo.*

Si la directiva se da cuenta de que con el trabajo ágil baja la productividad de todo el equipo, entonces hay un problema previo en la selección de personal. Si se ha contratado a personas que sólo trabajan por un cheque a fin de mes, tendrán que comportarse de forma diferente. La mayoría de la gente trabaja sólo para llevar un sueldo a casa, no hace el trabajo que le gusta. Hacen ese trabajo porque no tienen otra alternativa.

Las empresas deben entender que es importante contratar a las personas según sus valores: los valores de las personas deben estar alineados con los valores de la empresa. Pero aquí entraríamos en otros temas, que están fuera del alcance de este libro.

Para más información sobre otros temas empresariales fundamentales para conseguir los máximos beneficios, puedes aprovechar los cursos de formación que ofrece Zeloni Corporation, mi empresa de formación dedicada a la Ciencia Mental Aplicada a los Negocios. También encontrarás muchos otros cursos en nuestra plataforma Business Galaxy.

zeloni.eu

businessgalaxy.training

Otro consejo importante que quiero darte se refiere al aislamiento. El tiempo que se gana trabajando desde casa en línea lo puedes dedicar a reunirte con amigos en vivo y jugar con ellos. El problema del aislamiento en el smart working es a menudo un falso problema resultante de una visión aproximada, incompleta y superficial de la realidad; porque si trabajar en el smart working te hace estar más "aislado de tus colegas" pero "más cerca de tus verdaderos amigos", el problema del aislamiento no existe. Esto depende de cómo emplees el tiempo que has ahorrado.

También debemos recordar que tenemos derecho a desconectarnos de Internet. Estar en línea todo el tiempo es un error. ¡La vida no es sólo trabajo! Desconectarse de la tecnología es crucial, es importante no perder el contacto con la realidad.

Así que tenemos que ser buenos para equilibrar el trabajo en línea con la vida real, tenemos que hacernos espacios para la reflexión, para la meditación, para pensar y para contemplar lo que nos rodea. Todos estos son procesos fundamentales para permanecer conectados con nosotros mismos y mantener la autoconciencia.

Por eso, hay que salir de los entornos artificiales para estar en contacto con la naturaleza, respirar al aire libre, dedicar tiempo a la actividad física y encontrar tiempo para comer con calma y tranquilidad, sin prisas. El cuerpo, la mente y el espíritu se beneficiarán enormemente.

2. Trabajo Remoto

Ahora que entendemos qué es el smart working y cómo integrarlo en los modelos empresariales actuales, es momento de hablar del trabajo remoto. Este ha ganado popularidad recientemente, y los estudios han demostrado que la preferencia por el trabajo a distancia no hace más que aumentar (PMI.it, 2021). Sin embargo, antes de seguir adelante, es mejor que entendamos qué es exactamente el trabajo remoto.

Si quieres operar bajo un modelo de negocio online, eso significa que debes tener un sistema en el que todos trabajen de forma remota. El trabajo remoto, también conocido como teletrabajo o trabajo desde casa (WFH, Working From Home), es la práctica de los empleados que trabajan desde un lugar de su elección, en lugar de desplazarse a uno centralizado como un edificio de oficinas. Aunque WFH puede ser el nombre más común para el trabajo a distancia, de aquí en adelante este libro sólo utilizará el término Trabajo Remoto. La razón es que el trabajo remoto puede ocurrir en cualquier lugar, no se limita al hogar, y por lo tanto el trabajo remoto es el nombre más preciso. Y también hay que tener cuidado de no confundirlo con el teletrabajo, que suele tener la misma rigidez horaria que las oficinas corporativas.

El trabajo remoto, se basa concretamente en que los empleados trabajen fuera de la oficina y, a diferencia del smart working, no depende de una cultura empresarial concreta. Se ha convertido en una oportunidad atractiva para los autónomos, los trabajadores temporales y las agencias, ya que depende de la calidad de su trabajo y ofrece una mayor flexibilidad horaria. Para que puedan ponerse al día sobre el tema, trataremos a continuación, las ventajas y desventajas de este modelo, así como algunos consejos para mejorar el rendimiento.

Ventajas del Trabajo Remoto

Flexibilidad y Libertad

La ventaja más evidente del trabajo remoto es que los empleados tienen la libertad y la flexibilidad de establecer sus propios horarios. Cuando los empleados pueden trabajar en torno a sus propios horarios, deciden cuándo se realiza el trabajo, lo que les permite establecer horarios que maximicen su productividad.

Esto puede aliviar parte de la presión que supone tener un horario fijo y que gira en torno a los desplazamientos, la cultura de oficina y la presencia constante de un gerente cuando se trata de cumplir con los plazos.

Mejora de la Salud Mental

Siempre hay casos de estrés, tanto si te gusta tu trabajo como si no. El impacto que el trabajo puede tener en la salud mental de tus empleados puede ser perjudicial para tu empresa. El desplazamiento hacia el trabajo es los que más afecta a la salud mental (Reynolds, n.d.). Con el trabajo a distancia, tus empleados no tendrán que desplazarse, eliminando así este estrés de sus vidas. Su salud mental general mejorará con la falta de estrés, aumentando su productividad potencial, cuando se les permita trabajar desde el lugar que elijan.

Trabajar desde casa también reduce otros factores de estrés relacionados con el trabajo que incluyen, entre otros, la política de la oficina o incluso los compañeros que pueden interrumpir el flujo de trabajo. El trabajo a distancia elimina estas distracciones y permite al empleado crear su propio espacio de trabajo seguro y cómodo en el que pueda prosperar.

Reducción de Costos

El trabajo remoto reduce los costos tanto para los empleados como para los empresarios. Los empleados pueden ahorrar en costos de desplazamiento diario ahora que trabajan desde casa. Además, pueden ahorrar en gastos de guardería gracias a la flexibilidad de su horario que les permite priorizar de forma diferente. Esto no repercute en la empresa, ya que cuando se permite a los empleados elegir las variables que afectan a su trabajo, estos las estructurarán para maximizar la productividad en menor cantidad de tiempo. Los empleadores también se benefician, ya que no tienen que pagar un edificio costoso ni ningún gasto adicional, como las facturas de agua y electricidad.

Trabajar desde Cualquier Lugar

Otra ventaja del trabajo a distancia es que las personas pueden trabajar desde cualquier lugar. Cuando la empresa no está vinculada a una ubicación física, puede contratar a personas de cualquier parte del mundo. Esto tiene el potencial de aumentar drásticamente el tamaño de la bolsa de trabajo calificada. También tiene el potencial de impactar en las comunidades más necesitadas o que tradicionalmente han sido clasificadas como de clase baja.

Fig. 3: El trabajo remoto permite a los empleados elegir su lugar de trabajo.

Con la posibilidad de elegir su ubicación, los habitantes de zonas rurales o subdesarrolladas pueden realizar un trabajo que les haga sentirse satisfechos y, al mismo tiempo, beneficiar a los que no están cerca de ellos. Esto permitirá a las comunidades experimentar un cambio tanto económico como social, aumentando así no sólo el impacto de la empresa sino también el de la comunidad.

Aumento de la Productividad

El trabajo a distancia permite un horario flexible que permite a los empleados trabajar cuando lo deseen. Esto aumentará la productividad, ya que los empleados trabajarán cuando mejor puedan hacerlo. Además, los empleados suelen querer trabajar el menor tiempo posible sin dejar de producir resultados. Esto permite que el trabajo se realice las 24 horas del día desde varios lugares, lo que significa que los objetivos de la empresa se cumplen constantemente.

No tener que llegar a la oficina a diario ofrece beneficios tanto en términos de ahorro de tiempo como de reducción del estrés. Ambos factores contribuyen a aumentar la productividad.

Desventajas del Trabajo Remoto

Falta de Conexión de los Empleados

Sin embargo, el modelo de trabajo remoto también tiene algunas desventajas que hay que tener en cuenta. Trabajar desde casa también puede provocar un sentimiento de aislamiento en los empleados y una desconexión entre el empleado y el empleador. Cuando las personas no se ven todos los días, puede ser difícil sentir que todos forman parte del mismo equipo. Además, la falta de presencia puede afectar a los empleados si no sienten que tienen suficiente interacción con sus jefes, lo que puede frenar su crecimiento profesional. Esto puede provocar sentimientos de duda a la hora de unirse a una empresa que tenga un modelo de trabajo remoto.

Desequilibrio entre Trabajo y Vida Personal

El equilibrio entre el trabajo y la vida personal puede ser complicado incluso cuando no se trabaja a distancia. Cuando se trabaja a distancia existe la posibilidad de que las líneas entre ambos se difuminen y se produzca un desequilibrio. Cuando se trabaja en casa, es fácil empezar a trabajar en exceso, ya que simplemente se desea completar las tareas, independientemente de que se esté trabajando. La falta de límites físicos entre el lugar en el que se trabaja y el lugar en el que se pasa el tiempo libre, podría indicar que no existen límites y hacer que los empleados no se sientan desconectados en su tiempo de ocio.

Distracciones

Aunque el trabajo remoto permite a los empleados crear su mejor lugar de trabajo posible, a menudo esto significa el hogar del empleado. Al tratarse de un espacio personal, hay muchos cruces entre la vida personal y la vida laboral, lo que puede resultar abrumador para los empleados y distraerlos de la tarea que tienen entre manos.

Cultura de Trabajo Alterada

Cuando los empleados trabajan a distancia, disminuyen las interacciones físicas entre los compañeros de trabajo. Esto puede afectar a las relaciones que se forman entre los empleados y los miembros del equipo, o más bien a la falta de ellas. A pesar de que existen herramientas y tecnología que permiten que el trabajo sea eficaz, no fomentan las relaciones y esto podría afectar a la cultura del trabajo. Sin los vínculos que se forman entre los compañeros de trabajo y los directivos con sus empleados, la productividad laboral puede verse afectada.

Consejos Para El Trabajo Remoto

Aunque las desventajas del trabajo remoto pueden parecer desalentadoras, aquí tienes algunos consejos para que el modelo de trabajo remoto funcione en tu empresa. Anima a tus empleados a establecer un **espacio confortable** y una zona delimitada específicamente para trabajar. La creación de un espacio de trabajo designado, aunque sea en casa, solidificará un límite para trabajar, así como un área libre de distracciones; permitirá a los empleados trabajar de forma productiva, así como mantener un equilibrio entre el trabajo y la vida privada.

Establece un programa coherente y planificado para el trabajo remoto. Esto significa **establecer tareas** y programar plazos realistas para que los empleados sean capaces de producir trabajo sin sentirse abrumados. Es necesario planificar un horario establecido en torno al trabajo remoto para que las reuniones en línea sigan teniendo un sentido de autoridad y permitan a los empleados sentirse seguros en su trabajo.

Además de un horario, la **comunicación** es clave. Un aspecto esencial del trabajo remoto es la capacidad de los compañeros de trabajo y de los directivos y empleados para comunicarse entre sí. En algunos casos, se aconseja un exceso de comunicación, ya que es preferible que sepan demasiado y no lo suficiente. Esto también ayudará a aliviar la sensación de aislamiento o la falta de relaciones que puede ser característica del trabajo remoto. La comunicación también ayudará a alcanzar las metas y a mantenerse en la tarea para cumplir los objetivos de la empresa.

Fig. 4: La comunicación es la clave del éxito del modelo de trabajo remoto.

Por último, es importante animar a los empleados a tomar descansos. Es fácil sobrecargarse de trabajo cuando se trabaja a distancia, porque se quiere seguir completando tareas. Sin embargo, para mantener una productividad constante, las pausas son necesarias. Esto también ayudará a mantener un buen equilibrio entre el trabajo y la vida privada y permitirá que todos se sientan mejor en general, permitiendo así que el modelo de trabajo a distancia tenga éxito.

Cómo Hacer una Pausa Efectiva (y ser Más Productivo)

Cuando el trabajo se intensifica, tendemos a trabajar más de lo que deberíamos, llevando nuestro cuerpo y nuestra mente al límite. El problema es que sin una pausa reparadora para recargar nuestra energía, somos menos eficientes, cometemos más errores y baja nuestra productividad.

Hay que escuchar a nuestro cuerpo, que a menudo nos envía señales de que necesitamos un descanso. Debemos aprender a respetar los ritmos naturales de nuestro organismo, que naturalmente entra en "pausa" muchas veces al día para regular nuestro sistema psicofísico.

En estos momentos de pausa, debemos dejar el mundo exterior en suspenso. No es casualidad que el significado original de "esperar" sea "volver el alma hacia". Cada pausa se convierte en una oportunidad para cuidar de uno mismo. Tenemos que pasar el foco de atención del mundo exterior al mundo interior.

Sin estos momentos de regeneración, no puede haber productividad extrema. El error que cometen muchas personas es sacrificar el descanso en nombre de la productividad. Pero trabajar duro no siempre es lo mismo que producir resultados importantes. El descanso es una de las claves para ser súper productivo. Cuando el descanso es escaso o de mala calidad, la productividad y la creatividad disminuyen drásticamente.

En lugar de programar tu descanso en torno al trabajo, debes aprender a gestionar tu trabajo en torno al descanso, y la buena noticia es que el smart working y el trabajo remoto te permiten hacerlo. Aprende a organizarte, a planificar con antelación tus tiempos de descanso y relajación, y a añadir compromisos laborales en torno a tus momentos sagrados. Vivirás el día con mayor alegría y esto te permitirá recargar tus baterías físicas, mentales y emocionales.

Pero además del descanso y la relajación, también son importantes las pequeñas pausas del trabajo. Las investigaciones sobre el equilibrio entre trabajo y descanso para mejorar el rendimiento coinciden en que el cuerpo necesita un descanso cada 90-120 minutos (Carciofi, 2017).

La pausa debe ser un verdadero descanso de lo que estás

haciendo. Tiene que haber un cambio drástico que fomente la experiencia de la interrupción. Tienes que dejar de hacer lo que estabas haciendo y hacer algo completamente diferente, así que tienes que hacer lo contrario de lo que estabas haciendo en el trabajo:

- *si has estado sentado todo el tiempo, da un paseo, haz algo de ejercicio o de estiramiento.*

- *si tuviste que hablar en una reunión, pasa unos momentos en silencio.*

- *si has estado trabajando en silencio todo el tiempo, empieza a hablar o pon algo de música.*

- *si has estado trabajando en línea, la pausa debe ser fuera de línea.*

- *si has estado trabajando en el interior, sal al exterior, toma el sol y respira aire fresco.*

Esto es lo que no debes hacer durante tu descanso:

- *si has estado escribiendo en el ordenador, no empieces a leer algo. Cuidado con la sobrecarga de información.*

- *si has estado trabajando en el ordenador, no revises tus correos electrónicos ni las redes sociales.*

- *no comas comida basura, ni alimentos con exceso de azúcares que luego provocan un bajón de energía.*

- *no te pegues a tu smartphone como un drogadicto en busca de dopamina.*

¿Recuerdas que necesitas cambiar el foco de atención del mundo exterior al mundo interior? ¡Disfruta del descanso sin la tecnología! Cada vez que decides darte un descanso de calidad, estás cuidando de ti mismo.

Cómo Aumentar la Productividad

A primera hora de la mañana, trabaja en tu tarea más importante. Sumérgete en la tarea y elimina las distracciones. Disfruta del proceso. No hagas nada más hasta que lo hayas terminado. Date un pequeño descanso y luego empieza con tu siguiente tarea más importante.

Es útil crear bloques de tiempo enfocados para aumentar la productividad. Un bloque enfocado es un intervalo de tiempo dedicado a trabajar en una tarea. Cuando se trabaja en una tarea en un bloque de tiempo, hay que desconectar todas las demás distracciones. Dependiendo del tipo de trabajo que realices y de la concentración que requieras, puedes crear bloques de concentración de 90, 50 o 25 minutos. Por ejemplo:

- *90 minutos + 20 minutos de descanso*

- *50 minutos + 10 minutos de descanso*

- *25 minutos + 5 minutos de descanso*

Se recomiendan bloques de 50 minutos porque a partir de los 40-45 minutos se produce un descenso fisiológico de la retención de información, de la energía y, por tanto, de la productividad (Formisano, 2016). Pero a veces podemos ser más eficientes con 90 minutos, y a veces con 25. Lo importante es hacer una pausa justo antes de que llegue la caída fisiológica.

Así que acostúmbrate a planificar tu trabajo a partir de ahora, prioriza y céntrate en la tarea más importante. Concéntrate sólo en ella y no hagas nada más hasta que la hayas terminado.

Esto significa trabajar en modo de "enfoque único". Selecciona una tarea, empieza a trabajar en ella y oblígate a completarla antes de pasar a la siguiente.

Enfoque Único o Monofocalización

Este principio fue popularizado por el experto en gestión del tiempo Alan Lakein. Sus estudios revelaron que cada vez que dejas de lado un trabajo y te centras en otra cosa, pierdes impulso y ritmo, pero no solo eso, también pierdes tu marca, por así decirlo (Tracy, 2015).

Cuando retomes, tendrás que revisar nuevamente el trabajo realizado para recuperar el rumbo y este proceso puede llevarte hasta un 500% del tiempo que tardarías en completar un trabajo si lo hicieras de principio a fin. Brian Tracy también apoya el principio de monofocalización, que puede reducir el tiempo necesario para completar una tarea importante en un 80% y mejorar significativamente su calidad (Tracy, 2015).

Aumento de la Concentración

Si somos capaces de aumentar nuestra concentración, podemos aumentar nuestra productividad. Mantener la concentración es muy importante. Como nos dijo Earl Nightingale, todos los grandes logros de la vida están precedidos por un largo e ininterrumpido periodo de concentración.

Daniel Goleman nos dice que nuestra atención no es como un globo que puede expandirse para abarcar más cosas a la vez, sino que más bien puede compararse con un tubo delgado, que sólo puede conducir un líquido en una dirección: en lugar de dividirla entre dos actividades, oscilamos rápidamente entre las dos, una transición que aún implica un debilitamiento en comparación con la concentración total.

Cuando nos ponemos a trabajar en nuestra tarea más importante, debemos ser capaces de perseverar sin que nada ni nadie nos distraiga.

"La concentración es una cuestión de decidir qué no hacer"

John Carmack

Si existe algo que hay que evitar es la multitarea, que no es más que un "cambio de tareas". Esto es un gasto innecesario de energía. Mucha gente piensa que la multitarea es algo eficiente, pero la multitarea no es ni eficiente ni eficaz; Leo Babauta señala que es menos eficiente, debido a la necesidad de cambiar de marcha para cada nueva tarea para luego volver a cambiar. La multitarea es complicada y, por lo tanto, te deja más propenso al estrés y a los errores (Babauta,

2009). También se ha descubierto que las personas más estresadas en entornos multitarea emplean más la ira en sus correos electrónicos (Akbar et al., 2019).

La multitarea tiene efectos negativos. En la actualidad, los estudios han demostrado que los seres humanos realmente pueden hacer dos cosas o más a la vez, por ejemplo, caminar y hablar, comer algo y leer; pero no podemos concentrarnos en dos cosas a la vez (Keller, 2018).

"Hacer dos cosas a la vez es como no hacer ninguna"

Publilio Sirio

Si intentas hacer dos cosas a la vez, no harás ninguna bien. Como dijo Steve Uzzell, la multitarea es simplemente la oportunidad de estropear más de una cosa a la vez.

El hecho es que nuestros cerebros no están diseñados para funcionar así. Las investigaciones realizadas en la Universidad de Stanford demuestran que las personas que realizan varias tareas a la vez, son en realidad menos productivas que las que no lo hacen, y son significativamente peores a la hora de cambiar de una tarea a otra (Bradberry, n.d.). La calidad de su trabajo es, en consecuencia, muy inferior a la de los que rechazan la multitarea. Y lo que es peor, la multitarea en realidad reduce la productividad con el tiempo (Zeloni Magelli, 2020).

Desde un punto de vista biológico, esto tiene sentido, ya que con el tiempo se va debilitando el cerebro y no se puede esperar que sea capaz de mantener el ritmo (Zeloni Magelli, 2020). El deterioro cognitivo derivado de la multitarea no es temporal. Investigadores de la Universidad de Sussex, en el Reino Unido, compararon la cantidad de tiempo que las personas pasan con varios dispositivos (como enviar mensajes de texto mientras ven la televisión) con escáneres de resonancia magnética de sus cerebros. Descubrieron que las personas que realizan muchas tareas a la vez, tenían menos densidad cerebral en la corteza cingulada anterior, la región del cerebro responsable de la empatía y el control cognitivo y emocional (Bradberry, n.d.).

El principal autor de este estudio - el neurocientífico Kep Kee Loh - advierte: "Creo que es importante crear conciencia de que la forma en que estamos interactuando con los dispositivos puede estar cambiando nuestra forma de pensar, y estos cambios pueden estar ocurriendo a nivel de la estructura de nuestro cerebro.

Vivimos en un mundo multitarea. Como sostiene Gary Keller, no es que tengamos muy poco tiempo para hacer todas las cosas que hay que hacer, sino que sentimos que tenemos que hacer demasiadas cosas en el tiempo que disponemos. El resultado neto es una baja calidad del trabajo que sólo aumenta el número de cosas que tenemos que hacer, justo lo contrario de lo que sería el objetivo principal.

Todo esto provoca estrés, y el sistema inmunitario se debilita. El estrés también reduce nuestros niveles de energía, cuando tenemos poca energía, nuestra concentración desaparece, y la productividad cae en picada.

La concentración es la herramienta más importante para ser más eficaz. Intenta concentrarte en la tarea que tienes entre manos. Concéntrate en el momento presente. Centrarte en el momento presente puede hacer mucho por ti. Ayuda a reducir el estrés. Te ayuda a disfrutar de la vida al máximo y a aumentar tu eficacia (Babauta, 2009).

"Con el pasado no tengo nada que hacer; tampoco con el futuro. Vivo en el ahora"

Ralph Waldo Emerson

Gestión del Correo Electrónico

Dado que se pierde mucho tiempo productivo en la gestión del correo electrónico, es importante abordar esta cuestión. Los entornos de trabajo se caracterizan por las frecuentes interrupciones que pueden provocar estrés. Sin embargo, las medidas de estrés debido a las interrupciones no provienen principalmente de otras personas, sino que suelen obtenerse a través de autoinformes, que pueden estar influidos por sesgos de memoria y distorsiones emocionales (Akbar et al., 2019).

Una de las principales fuentes de interrupción en el trabajo es el correo electrónico. Los estudios han constatado que cuanto mayor es el tiempo diario dedicado al correo electrónico, menor es la productividad percibida y mayor el estrés detectado (Mark et al., 2016), y que se puede lograr un aumento de la productividad y una disminución del estrés si se limita la cantidad de accesos al correo electrónico, se gestiona el tamaño de la bandeja de entrada y se utiliza un buen protocolo de correo electrónico (Armstrong, 2017).

Además, se ha comprobado que el uso intensivo del correo electrónico puede perjudicar la capacidad de concentración, puede aumentar los olvidos y la incapacidad para resolver problemas en el trabajo de forma eficaz (Franssila et al., 2014) y que la sobrecarga de correo electrónico puede generar el llamado "tecnoestrés", es decir, la incapacidad para hacer frente a las tecnologías de la información y la comunicación que puede causar estrés y agotamiento (Lowrie, 2019)[2].

2. El tecnœstrés se basa en el concepto fundamental de estrés (Brod, 1984), que comprende: (1) el estado interno del cuerpo

(o tensión); (2) un evento externo (o factor estresante); y (3) una experiencia que surge de una transacción en curso entre una persona y su entorno. Esto se deriva además del estrés laboral general, que se considera como las respuestas físicas y emocionales perjudiciales que se producen cuando los requisitos del trabajo no se ajustan a las capacidades, recursos y necesidades del trabajador (Bondanini et al. 2020).

Se ha definido como cualquier consecuencia negativa que afecte a las actitudes, los pensamientos, los comportamientos o la fisiología del cuerpo que sea causada directa o indirectamente por la tecnología (Weil y Rosen, 1997) y también como el estrés que experimentan los usuarios como resultado de la aplicación de la multitarea, la conectividad constante, la sobrecarga de información, las actualizaciones frecuentes del sistema y la incertidumbre resultante, el reaprendizaje constante y las inseguridades resultantes en el trabajo, y los problemas técnicos asociados al uso organizativo de las TIC (Tecnologías de la Información y la Comunicación) (Tarafdar et al. 2010).

El tecnœstrés afecta a la satisfacción laboral, al compromiso organizativo y al rendimiento de los empleados; también se considera un estado psicológico negativo relacionado con el uso (o mal uso) actual o futuro de la tecnología (Salanova et al. 2014) que tiene un gran impacto social en nuestras vidas. De hecho, los estudiosos señalan que la tecnología podría ser una amenaza para nuestro conjunto de normas establecidas y patrones de comportamiento que nos hacen adaptarnos a nuestro entorno, y por lo tanto træ consigo reacciones emocionales negativas, ansiedad y miedo. Esta ambivalencia se expresa mediante la tecnofobia (rechazo y/o evasión de la tecnología) y la tecnofilia (atracción y adopción entusiasta de la tecnología) (Bondanini et al. 2020; Martínez-Córcoles, 2017).

A pesar de sus beneficios tanto para las organizaciones como para los trabajadores, el trabajo a distancia conlleva consecuencias negativas, como el tecnœstrés (Molino et al. 2020).

Un grupo de investigadores (Molino et al. 2020) señala que las demandas de los trabajadores y los niveles de carga de trabajo, deben ser controlados por los supervisores y gerentes. La práctica del trabajo "siempre activo" que fomenta el trabajo a distancia supone un reto para los empleados en términos de fatiga mental y física. Debido a las características del trabajo a distancia, que es principalmente una actividad basada en el hogar, las exigencias de la organización tienden a exceder las horas normales de trabajo y la carga de trabajo con consecuencias no discutidas para el rendimiento y el bienestar individual y organizacional (Molino et al. 2020).

A propósito de las **reglas de comportamiento frente al correo electrónico**, Alessio Carciofi, experto en transformación digital, nos da algunos consejos:

- *Acceder sólo a nuestras bandejas de correo electrónico en determinados momentos o bloques del día. Y unas cuantas veces al día. Este enfoque "por lotes" (batching) ahorra tiempo y aumenta nuestra atención.*

- *Establecer un límite de tiempo para cada lote/tiempo de acceso a los correos electrónicos. De este modo, sólo atenderemos los correos más importantes y no perderemos tiempo en los correos basura.*

- *No mantener la ventana del correo electrónico abierta cuando estemos haciendo otras cosas.*

- *Darse de baja de los boletines que no nos interesan y eliminar todas las notificaciones push.*

Las personas que revisan el correo electrónico principalmente en respuesta a las notificaciones de correo electrónico, informan de una menor productividad que las que se interrumpen a sí mismas para revisar el correo electrónico (Mark et al., 2016), esta es también la razón por la que es útil la agrupación por lotes (batching).[3]

3. El término "batching" se refiere a un modo de "ejecución agrupada", "agregación de tareas", "lote" o "división en bloques". Es una técnica utilizada para aumentar la productividad que consiste en agrupar actividades del mismo tipo para realizarlas en un bloque de tiempo determinado. Esta técnica también se aplica a la gestión del correo electrónico.

Con este enfoque sólo pensarás en tu bandeja de entrada en determinados momentos. Si revisas tus correos electrónicos constantemente, aunque sea de forma rápida, tu atención se desviará de la tarea que tienes entre manos. Aunque vuelvas a tu tarea, la bandeja de entrada sigue ocupando espacio en tu mente. Este enfoque ayuda a limitar las distracciones, mantener la concentración y perder menos tiempo. Aumentará tu eficacia.

Un estudio encargado por Hewlett-Packard descubrió que los trabajadores que se distraen continuamente con llamadas, correos electrónicos y el teléfono reducen su coeficiente intelectual en una media de 10 puntos (Carciofi, 2017).

Cal Newport, que ha estudiado el fenómeno de la conmutación de redes con psicólogos y neurocientíficos, confirma que "nuestras mentes no pueden hacer estos cambios contextuales rápidos de una cosa, a una bandeja de entrada, de vuelta a la misma cosa, de vuelta a una bandeja de entrada". La conmutación de redes puede llevar al cerebro de 5 a 15 minutos, esta conmutación constante agota nuestro cerebro y también provoca ansiedad (Newport, 2021).[4]

4. En informática, la conmutación de redes es el proceso de canalizar los datos recibidos desde cualquier número de puertos de entrada a otro puerto designado, que transmitirá los datos al destino deseado. El dispositivo por el que pasan los datos entrantes se llama conmutador (Griffin, 2019).

Después de una distracción, se tarda unos 15 minutos en reanudar el trabajo interrumpido, y 24 minutos en volver al modo de enfoque. Esta no es la forma correcta de trabajar. Ya hemos hablado de los efectos negativos de la multitarea. Las personas no son buenas para cambiar rápidamente de una tarea a otra, el cerebro humano no puede realizar este proceso con rapidez.

Cambiar constantemente de una tarea a otra no es saludable.

"El correo electrónico no es un problema técnico. Es un problema de personas".

Merlin Mann

El correo electrónico es una herramienta muy utilizada en la vida laboral porque es muy eficaz. Ha resuelto muchos de los problemas asociados a las antiguas herramientas de envío de mensajes, como el telégrafo, el télex, el AUTODIN, el fax y el buzón de voz.

El problema es el uso que se le da. Ya hemos comprobado que la tecnología afecta al comportamiento humano. La comprobación constante y compulsiva del correo electrónico está saboteando las mentes de los trabajadores: fatiga mental, mentes nubladas, pérdida de claridad mental, estrés, distracciones, pérdida de concentración.

Puede ayudar a tener un **método para procesar los correos electrónicos rápidamente**. Leo Babauta - escritor y autor del blog Zen Habits - nos da algunos consejos al respecto:

- *Empieza de arriba hacia abajo, un correo electrónico por vez.*

- *Abre cada correo electrónico y elimínalo inmediatamente. Tus opciones: eliminar, archivar (para consultarlo más tarde), responder rápidamente (y archivar o eliminar el mensaje), ponerlo en tu lista de tareas pendientes (y archivar o eliminar el mensaje), hacer la tarea inmediatamente (si te lleva dos minutos o menos - entonces archivar o eliminar), o reenviar (y archivar o eliminar).*

Con este método, el correo electrónico acaba siendo archivado o eliminado. Y te recomienda que lo elimines de tu bandeja de entrada inmediatamente y que nunca lo dejes allí. Esto debe hacerse rápidamente y luego pasar al siguiente correo electrónico. No tengas miedo de borrar un correo electrónico: ¿qué es lo peor que puede pasar si lo borras? Si la respuesta no es negativa, elimínalo y sigue adelante. Con una buena práctica, puedes pasar por un par de docenas de mensajes muy rápidamente (Babauta, 2009).

Te ayudará a ahorrar tiempo, energía y recursos físicos y mentales incluso a **no responder a los correos electrónicos.** No responder a un correo electrónico puede parecer de mala educación, pero a veces es necesario. No podemos dedicar nuestro tiempo a todos. El tiempo es un recurso muy valioso y limitado. Honrar el extraordinario don de la vida significa también utilizar nuestro tiempo de la mejor manera posible. Por lo tanto, es un deber divino no perder el tiempo contestando correos electrónicos que no aportan valor a nuestra vida.

¿Qué es lo peor que puede pasar si no respondes? ¿Es algo que podría interesarte? ¿Es un correo electrónico incompleto y descuidado? ¿Es ambiguo y confuso? Algunos correos electrónicos no merecen ser contestados. Si un correo electrónico te consume valiosos recursos mentales, no lo respondas. Valora tu tiempo.

En conclusión: ¡nada de correos electrónicos por la noche o los fines de semana!

Aprende a Gestionar las Distracciones

Si trabajas en un entorno ruidoso, debes intentar duplicar tu concentración ignorando los ruidos del entorno. Ser capaz de concentrarse en medio de un espacio cerrado es un indicio de atención selectiva, que es la capacidad neuronal de centrarse en una sola cosa mientras se ignora un mar de otros estímulos, cualquiera de los cuales podría captar tu atención (Goleman, 2016).

Principalmente, existen distracciones sensoriales y distracciones emocionales.

Las distracciones sensoriales son más fáciles de sobrellevar: por ejemplo, mientras lees este libro, ignoras la ropa en tu piel o las páginas de papel que estás tocando, éstas son sólo una pequeña parte de los innumerables estímulos que tu cerebro elimina del flujo continuo de sensaciones de fondo que involucran a los cinco sentidos.

Las distracciones emocionales, en cambio, son más peligrosas. No importa lo que estés haciendo, pero si oyes mencionar tu nombre – que tiene un atractivo emocional para ti – tu atención abandonará lo que estás haciendo y se dirigirá a la voz de la persona que ha dicho tu nombre.

Incluso las personas con buena capacidad de concentración pueden sucumbir a las distracciones emocionales. Por ejemplo, si has tenido una discusión con un ser querido, te será difícil mantener la mente despejada.

El problema es que cuando perdemos la concentración, nuestro rendimiento baja drásticamente y somos menos productivos. Una investigación de la Escuela de Negocios de Harvard ha identificado la reducción de la actividad creativa cuando el trabajo es interrumpido continuamente por cualquier tipo de distracción (Carciofi, 2017).

Mejorar nuestra concentración es fundamental. Dado que para concentrarnos también debemos silenciar nuestras distracciones emocionales, el circuito neuronal de la atención selectiva incluye el de la inhibición de las emociones: esto significa que las personas que se concentran más, son relativamente inmunes a la agitación emocional, tienen menos dificultades para mantenerse imperturbables en los momentos de crisis y se mantienen estables en medio del flujo de emociones de la vida (Goleman, 2016).

Goleman nos dice que el esfuerzo por centrarse en una cosa mientras se ignora todo lo demás, representa una especie de conflicto para el cerebro. En estos conflictos mentales, el papel de mediador lo desempeña la corteza cingulada anterior (ACC), que identifica estos problemas y da instrucciones a otras partes del cerebro para resolverlos. Para mantener la concentración en un objeto, el ACC apela a las áreas prefrontales responsables del control cognitivo, que silencian los elementos distractores y amplifican aquellos a los que queremos reservar toda nuestra atención (Goleman, 2016).

Para facilitar estos procesos mentales y cerebrales, será muy útil contar con un entorno potenciador a tu alrededor.

Un Entorno Potenciador

Tu entorno debe apoyar tus objetivos. Tu entorno está formado por todo lo que experimentas cada día: lugares, aspectos sociales, cosas, herramientas y personas que te rodean. Hay que prestar atención. Cualquiera y cualquier cosa en cualquier momento puede robar tu atención y quitarte el poder.

En primer lugar, asegúrate de trabajar en un **entorno de trabajo limpio y ordenado**. El desorden está lleno de distracciones potenciales. Aleja tu atención de la tarea más importante y la dirige hacia otros mundos, como los recuerdos, las tareas pendientes u otras cosas por hacer.

Un entorno despejado mejorará tu energía y tu estado de ánimo, impulsará tu motivación y te hará sentir más a gusto.

Te ayudará crear un **escritorio minimalista**. Te permitirá tener la mente más despejada, para que puedas concentrarte mejor en la tarea que tienes por delante. Un escritorio despejado favorece la concentración y permite trabajar con mayor claridad.

Recuerda que cada día es un gran día para nuevas ideas y oportunidades. Un escritorio desordenado con los trabajos de días anteriores te deja en el pasado. En cambio, con un escritorio "nuevo" cada día, te animarás a nuevas posibilidades; incluso si trabajas en un proyecto de días anteriores, verás las cosas bajo una nueva luz y te ayudará a innovar.

Aquí tienes algunos consejos para empezar:

- *Reduce los objetos de tu espacio de trabajo. Elimina todo lo que no sea esencial. No deben haber objetos innecesarios que ocupen espacio en tu mente.*

- *Ordena el material de tus cajones. No tienes que tener cosas o proyectos en tu escritorio. Tendrás cosas o proyectos a mano en tus cajones, pero sólo la tarea más importante en tu escritorio.*

- *No dejes los proyectos a medias. Consumen recursos mentales en segundo plano. Si requieren poco tiempo para completarlos, ¡complétalos! Si no, guárdalos en el cajón.*

- *Pon en orden el escritorio de tu ordenador. Te ayudará a limitar las distracciones y no nublará tu claridad mental.*

- *Antes de terminar tu jornada laboral, pon todo en orden.*

Todo esto le dará una mayor sensación de calma y serenidad y una mente más eficiente. Menos desorden mental significa más recursos para nuestros procesos cognitivos.

Otro consejo es utilizar un **ordenador dedicado sólo al trabajo.** No trabajes con tus dispositivos personales. También te aconsejo que tengas un dispositivo dedicado (ordenador de sobremesa, portátil o tableta) para cada tipo de tarea. Por ejemplo: 1 para gráficos y vídeos solamente, 1 para escribir, 1 para la gestión del correo electrónico, 1 para las redes sociales, etc.

Esto te ayudará a limitar las distracciones y a concentrarte mejor en la tarea que tienes entre manos. Si quieres ir más allá, te recomiendo que también tengas **salas dedicadas** a cada tipo de tarea y asignación. Esto te dará el extraordinario poder de entrar directamente en el flujo de la productividad extrema.

El sentido es que tienes que elegir un lugar que puedas dedicar específicamente a esa tarea. Si haces ese trabajo, en el mismo lugar donde te recreas, ahí es donde irá tu mente. Escoge un lugar que te proporcione total claridad mental para que no tengas nada en lo que pensar más que en esa tarea. En cierto modo, los lugares son anclas que activan determinados estados mentales y emocionales (Zeloni Magelli, 2020).

Los lugares son campos de energía. Las energías de tus pensamientos permanecen en tu habitación. Piensa en la ventaja de acceder a ese lugar y poder sintonizar rápidamente las frecuencias necesarias para realizar esa actividad. Esta estrategia también permite facilitar los cambios de contexto y el cambio de redes. Serás mucho más productivo y experimentarás una legendaria claridad mental a la hora de realizar tareas.

Tus habitaciones deben tener un aire de calidad. El aire que respiramos es muy importante para nuestra salud. Nuestro bienestar mental y físico también depende del aire que respiramos. Por eso recomiendo tener plantas purificadoras de aire en el entorno de trabajo.

Desgraciadamente, hay sustancias químicas en el ambiente interior que proceden de los cimientos, las paredes, los muebles, los plásticos, los adhesivos, las pinturas, los aparatos electrónicos y los productos de limpieza, como: el benceno, el tricloroetileno, el formaldehído, el pentaclorofenol, el clorometano, el cloruro de amonio, el monóxido de carbono, la acetona, el radón, el xileno, el tolueno y otros; son compuestos orgánicos volátiles.[5].

5. Los compuestos orgánicos volátiles (COV) son una amplia clase de compuestos químicos que existen, como gases a temperatura y presión estándar del ambiente. Son compuestos como la acetona, el benceno y el formaldehído que se emiten en forma de gases y pueden causar efectos en la salud a corto y largo plazo cuando se inhalan (American Chemical Society, 2016).

Los riesgos para la salud asociados a esta gran clase de sustancias químicas van desde la fatiga y las náuseas agudas hasta los daños al sistema nervioso central y el cáncer (Jones, 2015). El Dr. Vadoud Niri, de la Universidad Estatal de Nueva York en Oswego, confirma que la inhalación de grandes cantidades de COV puede llevar a algunas personas a desarrollar el síndrome del edificio enfermo, que reduce la productividad y también puede causar mareos, asma o alergias (American Chemical Society, 2016).

La solución más eficaz la proporciona la madre naturaleza:

las plantas. El uso de plantas para eliminar sustancias químicas del aire interior se denomina biofiltración o fitorremediación. La fitorremediación es el proceso por el que las plantas y sus microbios de raíz eliminan los contaminantes del aire y el agua. La biofiltración vegetal es una tecnología prometedora que puede ayudar a resolver los problemas globales generalizados causados por la contaminación del aire (Wolverton & Nelson 2020).

Los COV se encuentran en concentraciones mucho más altas en el interior que en el exterior, con concentraciones especialmente altas en los edificios nuevos. Algunas plantas tienen la capacidad de eliminar los COV en el aire, pero la eficacia de la eliminación depende de los compuestos químicos y del mecanismo de captación utilizado por cada planta (Jones, 2015). Las raíces de las plantas y sus microorganismos asociados destruyen los virus patógenos, las bacterias y los productos químicos orgánicos, convirtiendo finalmente todos estos contaminantes del aire en nuevos tejidos vegetales (Wolverton et al., 1989).

Afortunadamente, hay algunas especies de plantas que son capaces de combatir la contaminación del aire interior. Las plantas de esta lista son capaces de filtrar numerosos tipos de COV. La reducción de los COV es variada, pero omnipresente entre todas las plantas, y algunas de ellas – como los cactus – incluso destacan por absorber electrosmog:

- *Bromelia - Guzmania lingulata*

- *Palma areca - Dypsis lutescens*

- *Palmera de la India - Rhapis excelsa*

- *Palmera de bambú - Chamaedorea seifrizii*

- *Planta del caucho - Ficus robusta o Ficus elastica*

- *Dracena "Janet Craig"*

- *Hiedra - Hedera Helix*

- *Palmera datilera enana - Phoenix roebelenii*

- *Ficus Macleilandii Alii*

- *Helecho de Boston - Nephrolepis exaltata 'Bostoniensis'*

- *Lirio de la paz - Spathiphyllum*

- *Dracena fragrans "Massangeana"*

- *Potos - Epipremnum aureum*

- *Nephrolepis obliterata*

- *Gerbera jamesonii*

- *Dracena deremensis*

- *Dracena marginata*

- *Philodendron Erubescens*

- *Syngonium podophyllum*

- *Dieffenbachia "Exotica Compacta"*

- *Palma de la fortuna – Chamaedorea elegans*

- *Benjamín – Ficus benjamin*

- *Schefflera arboricola*

- *Begonia semperflorens*

- *Philodendron selloum*

- *Philodendron oxycardium*

- *Sansevieria trifasciata*

- *Dieffenbachia "Camilla"*

- *Philodendron domesitcum*

- *Hamalomena wallisii*

- *Maranta leuconeura*

- *Cactus de Navidad – Schlumbergera buckleyi*

- *Cactus de Pascua – Schlumbergera gaertneri*

- *Planta araña– Chlorophytum comosum*

- *Aglaonema crispum*

- *Croton – Codiaeum veriegatum pictum*

- *Azalea enana – Rhodedendron simsii "Compacta"*

- *Calathea makoyana*

- *Aloe Vera – Aloe barbadensis*

- *Cereus peruvianus*

- *Consola facata*

- *Cassula argentea*

- *Tillandsia cyanea*

La madre naturaleza nos proporciona la tecnología más avanzada y eficaz para reducir la contaminación y las ondas electromagnéticas, y existen otros beneficios de tener plantas en nuestras habitaciones. También se ha descubierto que tener la oportunidad de mirar intencionadamente las plantas cercanas a diario en el entorno laboral puede reducir el estrés psicológico y fisiológico (Toyoda et al. 2020).

Por último, para concluir esta mirada al entorno potenciador, recuerda que no trabajas en una isla desierta. Cada día tienes interacciones con otras **personas que te influyen**. Estas personas influyen en tu mentalidad, tu salud y tu productividad. No subestimes el poder de la gente que te rodea. Como nos enseñó Jim Rohn: *"Eres la media de las cinco personas que te rodean"*.

Las personas que te rodean son más importantes de lo que crees. Todos conocemos los refranes: *"Si andas con un cojo, aprendes a cojear"* o *"Dime con quién andas y te diré quién eres"*.

Cuando te juntas con ciertas personas o trabajas con ellas, inevitablemente adoptarás ciertos rasgos de su mentalidad y personalidad.

Los amigos, la familia y los colegas que no son generalmente positivos, te contagiarán su negatividad. La mentalidad es contagiosa; se propaga fácilmente.

Rodéate de las personas adecuadas. Acércate a las personas que apoyan tus objetivos y aleja a las que no lo hacen. Necesitas estar con personas que no te quiten poder, sino que te den energía. Necesitas estar rodeado de gente positiva que te anime y te ayude. Estar con personas que piensan en el éxito crea lo que los investigadores llaman un "espiral positivo de éxito" que te eleva y te da impulso (Keller, 2018).

Crea un entorno centrado en la productividad que apoye tu objetivo en la vida; recuerda que nunca se gana ni se pierde solo. Por eso es importante contar con un grupo de trabajo y un buen equipo. Pero esto, lo veremos en un momento...

3. La Importancia de la Colaboración

Aunque la primera etapa del éxito se produce inicialmente en nuestra mente, a través de nuestra capacidad de imaginación, luego se convierte en una cuestión de habilidad y capacidad de colaborar y cooperar con los demás. El éxito puede atribuirse a muchas cosas, pero los factores esenciales residen en las habilidades y la comunicación con quienes te rodean. El dicho "ningún hombre es una isla" es cierto en cuanto a que se necesita a otras personas para hacer las cosas. Esto es especialmente cierto para las empresas, que suelen tener proyectos que requieren la colaboración de muchos empleados, por lo que forman equipos. No hay que subestimar la importancia de la colaboración; es una herramienta esencial para construir proyectos sólidos.

La colaboración es una participación activa, una relación sinérgica entre dos o más entidades que trabajan juntas para producir algo mejor de lo que podrían hacer solas. Así que, básicamente, la colaboración puede definirse como el trabajo conjunto de los empleados, y a veces de los directivos, hacia un objetivo común. Estos objetivos pueden ser proyectos que encajen en el panorama general de la empresa y formen parte de los objetivos de la misma. También podría darse la colaboración en el trabajo hacia la cultura corporativa y la reputación que la empresa quiere transmitir.

La unión hace la fuerza y la mejor manera de manifestarlo es mediante la colaboración dentro de las empresas para alcanzar los objetivos. La colaboración reúne a empleados con diferentes perspectivas, habilidades, ideas y niveles de creatividad. Las empresas necesitan cada vez más los conocimientos de varios profesionales, con especialidades muy diferentes, para trabajar bien en equipo y colaborar eficazmente entre sí para obtener una mayor comprensión.

> "En la larga historia de la humanidad (y también del reino animal), han prevalecido los que han aprendido a colaborar e improvisar con mayor eficacia".
>
> Charles Darwin

Los recursos humanos son esenciales ante los problemas porque, aunque muchos procesos pueden automatizarse, los empleados tienen las ideas que impulsan lo que la automatización hace constante. Esta forma de resolver los problemas es la que define a una empresa como fuerte, sugiere una buena cultura de trabajo, diversa y respetuosa y tiene la capacidad de producir los mejores resultados posibles.

La colaboración es la base de todos los procesos de trabajo y garantiza que trabajemos hacia un objetivo común. Aunque disponer de la mejor y más actualizada tecnología es útil para una empresa, la base del buen trabajo sigue siendo el intercambio de ideas y habilidades entre los empleados. También ayuda a los empleados a encontrar sus funciones dentro de la empresa. Esto se hace definiendo un objetivo común y un equipo que trabaje en él. Así, los empleados pueden determinar sus mejores habilidades y esto les permite alcanzar la máxima productividad cuando trabajan con otras personas con diferentes habilidades.

El éxito de una empresa, suele radicar en la capacidad de los empleados para colaborar, así como en los planes de la dirección para facilitar y permitir que la colaboración crezca y se desarrolle. Para que una empresa se desarrolle y se convierta en líder en su campo, debe dar prioridad a la colaboración. Independientemente de que la empresa utilice un modelo de trabajo ágil o a distancia, la comunicación y la capacidad de trabajar por un objetivo común, es lo que definirá a una empresa.

Las ideas innovadoras y frescas suelen nacer de la colaboración. La combinación de habilidades e ideas nuevas y creativas en un entorno seguro, cómodo y alentador conducirá a la realización de los objetivos de la empresa.

Los equipos más exitosos son los que colaboran y trabajan juntos de la mejor manera, donde todos los miembros se implican y participan activamente en el proyecto. Todos los equipos ganadores tienen asociaciones ganadoras.

Fig: 5: La colaboración permite compartir conocimientos y conduce a la eficacia.

Beneficios de la Colaboración

Como ya hemos mencionado, la colaboración es esencial

para alcanzar los objetivos empresariales. Sin embargo, la colaboración tiene otros beneficios además de la realización de proyectos y la consecución de objetivos. Exploremos estos aspectos, comenzando por un mayor **sentido de la flexibilidad**. Cuando los equipos y los empleados colaboran más a menudo, comienzan a formar una familiaridad que solidifica las relaciones. Esto les permite alcanzar los objetivos más rápida y fácilmente.

La ventaja de esto es que cuando una empresa tiene que introducir algo nuevo o hacer cambios, los empleados ya tienen una sensación de flexibilidad y estarán preparados. La segunda ventaja de la colaboración es el aumento del **compromiso**. Cuando los empleados empiezan a trabajar juntos con más frecuencia, se integran con los demás, con nuevas ideas y diferentes habilidades. Esto mejora la productividad general de una empresa y garantiza que los empleados no se estanquen, que no lleguen a la insatisfacción laboral y, por último, que no fracasen en la consecución de los objetivos de la empresa.

La productividad de una empresa también aumenta porque la colaboración permite dividir la carga de trabajo entre sus miembros. Esto reduce la presión sobre los individuos y garantiza que los objetivos se alcancen más rápidamente.

Otra gran ventaja es que la **resolución de problemas** se vuelve más eficaz y eficiente, porque tenemos la oportunidad de comparar nuestras ideas con las de los demás. Cuando combinamos varios cerebros con diferentes habilidades y competencias, estamos mejor equipados para resolver los problemas. Esta unión de cerebros también nos ayuda a desarrollar nuevos puntos de vista y a tener una visión más amplia de la realidad. De este modo, podemos saber mejor qué hay que hacer y por qué. Este fenómeno se amplía cuando tenemos un equipo muy heterogéneo (diferentes edades, géneros, experiencias y nacionalidades) porque supone escuchar diferentes opiniones sobre un tema. El problema no se abordará sólo desde un ángulo, y el equipo podrá ver un panorama más amplio.

La colaboración también favorece la **transferencia de aprendizaje**. Al trabajar en equipo se tiene la oportunidad de aprender de las experiencias de otros miembros del equipo, lo que favorece la adquisición de nuevas habilidades. Todos los miembros de un grupo aprenden algo nuevo de los demás. Todo el mundo tiene conocimientos que otros no tienen.

Por último, la colaboración garantiza que las reuniones sean más fructíferas y esto se debe a la cultura de colaboración. Esto significa que las reuniones son más breves y más informativas, ya que los empleados están más dispuestos a completar sus tareas trabajando con otros para lograr sus objetivos.

Consejos para la Colaboración

Introducir la colaboración puede llevar tiempo y requiere un plan para tener éxito. Aquí te sugerimos algunos consejos para que la colaboración en tu empresa tenga éxito. La colaboración debe comenzar en el lugar de trabajo con **un enfoque descendente.** Esto significa que la colaboración debe comenzar con los ejecutivos y gerentes, estos deben trabajar juntos como un equipo para lograr los objetivos para que los mismos se arraiguen en la cultura de la empresa. Al comprometer a los ejecutivos y gerentes a cumplir con los valores y objetivos fundamentales de la empresa, los empleados también comenzarán a adoptar la colaboración, lo que los hará más eficientes y eficaces en la consecución de los objetivos. Además, esto mejorará el compromiso, ya que las figuras de autoridad de una empresa muestran lo que es deseable para la empresa y los empleados tenderán a recurrir a la colaboración en primer lugar.

Otra práctica que mejorará la colaboración es un **plan de recompensas e incentivos.** Aparte de las recompensas e incentivos individuales, que suelen ser factores de motivación para la consecución de un objetivo empresarial, las empresas también deberían adoptar incentivos para los equipos. Esto fomentará la colaboración, ya que los empleados no sólo reciben bonificaciones, sino que lo hacen gracias a la realización eficaz y eficiente del trabajo. De este modo, también se crearán buenas relaciones entre los compañeros, en lugar de rivalidad.

Para que la colaboración se convierta en parte de la cultura de la empresa, es necesario establecer unas buenas y claras directrices. Una **comunicación clara** es la clave para que los empleados entiendan por qué deben colaborar. La comunicación también proporcionará un camino claro sobre cómo utilizar la colaboración para alcanzar metas y objetivos.

Tener una **comunicación eficaz** también es importante en otros aspectos. Promueve el intercambio de conocimientos, resuelve los malentendidos y ayuda a mantener el equipo unido. Cuando se desarrolla y fomenta la comunicación y la empatía entre los miembros, se desarrolla un espíritu de colaboración que crea un entorno propicio para el intercambio y el debate constructivos. Se crea un clima de confianza, en el que las personas trabajan en armonía hacia un objetivo común, en el que incluso los menos extrovertidos pueden expresarse y aportar su contribución.

La colaboración eficaz entre las personas puede ser facilitada gracias a la **tecnología**. Existen varias herramientas disponibles y el consejo es elegir herramientas sencillas e intuitivas. Evita el software con un sinfín de funciones que sólo distraen la atención de los objetivos realmente importantes. Intenta tener herramientas que puedan interactuar con diferentes plataformas, por ejemplo, Linux, Windows, Apple, iOS y Android. También puede ser útil disponer de soluciones basadas en la nube para poder acceder a la misma información a la que podemos acceder en la oficina. Pero ¡cuidado con la privacidad! Ten en cuenta que estás compartiendo información valiosa con otras empresas.

Por último, pero no por ello menos importante, es necesario **cambiar y actualizar** continuamente las formas en que una empresa utiliza la colaboración. Esto permitirá que los empleados trabajen eficazmente entre sí en todos los niveles y que los miembros del equipo compartan mejor sus conocimientos. Gracias a los comentarios de los empleados, los directivos y los ejecutivos tomarán decisiones para facilitar la colaboración. La adaptabilidad también es necesaria para que la empresa pueda innovar.

Uso de la Web para Colaboraciones Internacionales

Tipos de Colaboración

Antes de entrar en lo que supone el uso de la web para la colaboración internacional, definamos primero los tipos de colaboración que se pueden dar. El primer tipo de colaboración es la **colaboración en equipo**. Un equipo de colaboración es un grupo que no sólo trabaja conjuntamente, sino que también comparte responsabilidades. Trabajan juntos, piensan juntos, razonan juntos. Un miembro del equipo, puede completar el trabajo de otro si éste tiene dificultades. Normalmente no hay un verdadero líder, sino que se trata de un liderazgo compartido (las personas de un equipo se guían mutuamente), aunque en algunos casos surgen líderes temporales en función de la tarea. Cuando un miembro importante está ausente, el equipo de colaboración continúa teniendo la capacidad de realizar la tarea.

La colaboración en equipo no debe confundirse con el trabajo en equipo (teamwork). En ambos casos, las personas trabajan juntas para completar un objetivo compartido, pero la diferencia clave es que mientras el trabajo en equipo combina los esfuerzos individuales de todos los miembros del equipo para lograr un objetivo, las personas que trabajan en colaboración completan un proyecto de forma colectiva (Civil Service College, 2018).

Un grupo de personas que trabaja en equipo lo hace a nivel individual. Cada miembro del equipo tiene una tarea que realizar y una función específica que contribuye al objetivo general. En el trabajo en equipo suele haber un liderazgo bien definido.

Este es el caso cuando hay un equipo predeterminado de personas con un conjunto fijo de objetivos y plazos. El objetivo de este tipo de colaboración es conseguir que las personas trabajen de forma independiente en un periodo de tiempo determinado, logrando así el objetivo más amplio que se ha fijado para el equipo. Esto se puede ilustrar con un ejemplo de un departamento de marketing de diez personas, cada una de las cuales tiene una función concreta en el equipo y cuando todas las tareas se completan con éxito, el resultado final es una campaña de marketing para el producto de la empresa. La comunicación es crucial para este tipo de colaboración, porque los miembros tienen que entender claramente sus tareas para lograr el objetivo general. También se puede poner el ejemplo de los equipos deportivos. Todos tienen el mismo objetivo general, pero también tienen funciones y trabajos específicos (y hay un liderazgo bien definido).

El segundo tipo de colaboración se conoce como **colaboración comunitaria**. El objetivo es reunir a individuos, agencias, organizaciones, miembros de una comunidad, en una atmósfera de apoyo para resolver sistemáticamente problemas existentes y emergentes que no podrían ser fácilmente resueltos por un solo grupo. El objetivo final de este tipo de colaboración es aprender más que tener una tarea terminada. Este tipo no tiene un plazo fijo y es un proceso continuo y cambiante en el que los miembros aprenden a resolver problemas. Esto garantiza que los miembros puedan utilizar lo que han aprendido en otros aspectos de su trabajo y así aumentar su productividad. Es un proceso en el que las partes interesadas colaboran para compartir información y recursos con el fin de alcanzar una visión y unos objetivos comunes.

El tercer tipo de colaboración es la **colaboración en red** (también conocida como red de colaboración o CN "collaborative networks"). Es una red compuesta por una variedad de entidades (por ejemplo, organizaciones, personas, máquinas) que son en gran medida autónomas, distribuidas geográficamente y heterogéneas en términos de entorno operativo, cultura, capital social y objetivos, pero que colaboran para alcanzar mejor, objetivos comunes o compatibles, generando así valor de forma conjunta, y cuyas interacciones se apoyan en una red informática.

Los miembros de las redes de colaboración son conscientes de que, juntos, pueden alcanzar objetivos que no serían posibles o que costarían más si los intentaran por separado. Camarinha-Matos – profesora universitaria experta en redes de colaboración y empresas y organizaciones virtuales – nos dice que un **Ecosistema de Innovación** (IE) es también una red de colaboración, ya que está formado por actores autónomos, independientes, distribuidos y heterogéneos que se comportan, interactúan y colaboran entre sí con diferentes roles en una red sociotécnica dentro de un entorno espacial fértil, y evolutivo con el fin de superar los límites de las capacidades individuales, maximizar el uso de los recursos y compartir los riesgos y los costos, para alcanzar mejor los objetivos comunes/compatibles en función de las diferentes culturas implicadas y de la dinámica inherente a la red (Camarinha-Matos et al., 2015).

Ecosistema de innovación es el término utilizado para describir el gran número y la diversa naturaleza de los participantes y los recursos que se necesitan para la innovación. Entre ellos se encuentran empresarios, inversores, investigadores, académicos, capitalistas de riesgo, así como proveedores de desarrollo empresarial y otros servicios técnicos como contables, diseñadores, fabricantes por contrato y proveedores de formación y desarrollo profesional (Jackson, 2011).

Un IE no siempre se crea como una iniciativa metodológicamente planificada e inducida por algunos actores. Hay varios casos (por ejemplo, Silicon Valley) que simplemente han surgido como resultado de un conjunto de factores regionales (Camarinha-Matos et al., 2015).

Podemos identificar otras formas diferentes de redes de comunicación, algunas de las cuales pueden ser bastante complejas. Gracias a las nuevas oportunidades y a la gran cantidad de información que nos ofrece la web, estas redes han evolucionado con el tiempo:

Organización Virtual (VO): es un consorcio temporal de socios de diferentes organizaciones, creado para realizar una tarea de valor añadido, por ejemplo un producto o servicio para un cliente (Kürümlüoglu et al., 2005). Este tipo de organización no tiene una infraestructura física, utiliza la tecnología para colaborar y es una alianza informal de profesionales o empresas (Simon, 2017).

Organización Virtual Dinámica (DVO): Cuando se presenta una Oportunidad de Negocio (BO) a corto plazo, se forma una configuración rápida de un consorcio temporal, que se adecua a sus necesidades. Este consorcio se denomina Organización Virtual Dinámica, que representa una alianza temporal de diferentes organizaciones que comparten conocimientos, habilidades y recursos, con el fin de responder para lograr esa Oportunidad de Negocio específica (Yassa et al., 2014).

Empresa Virtual (VE): Es un caso especial de una VO, consiste en una colaboración formalizada entre dos o más organizaciones autónomas para lograr un objetivo empresarial específico. Suelen empezar con inversiones y un reparto de los gastos generales. Una vez finalizado el proyecto, estas entidades suelen separarse. El paradigma de la empresa virtual representa un área importante de investigación y desarrollo tecnológico para las empresas industriales y un área importante de aplicación para los entornos cooperativos basados en la web. Podemos decir que el concepto de VE es una de las formas más importantes de aumentar la agilidad y la competitividad de las empresas manufactureras (Angulo et al., n.d.).

Podemos identificar dos categorías bien definidas de VE, a saber, la *Empresa Virtual Estática (SVE)*, en la que la red es fija y está predeterminada – los procesos empresariales y comerciales y las relaciones comerciales están predefinidos, fijos, integrados y estáticos – y la *Empresa Virtual Dinámica* (DVE), en la que la red es dinámica – los socios comerciales cambian según las necesidades del mercado y se seleccionan mediante la negociación (Ouzounis, 2001).

Empresa Extendida (EE): Una empresa extendida es una red de empresas autoorganizadas de forma independiente que combinan su producción económica para proporcionar productos y servicios al mercado; y persiguen relaciones de intercambio repetidas y duraderas entre sí.

Comunidad Virtual Profesional (PVC): Las PVC representan tanto a las comunidades profesionales como a las virtuales. Actuando como un entorno para la colaboración y el intercambio, proporcionan un sentido de comunidad para los profesionales que están dispersos por todo el mundo (Simon, 2017). Las comunidades virtuales se definen como sistemas sociales de redes de individuos que utilizan la tecnología de la información para mediar en sus relaciones. Las comunidades profesionales, proporcionan entornos para que los profesionales compartan el conjunto de conocimientos de sus profesiones, como las culturas de trabajo similares, las percepciones de los problemas, las técnicas de resolución de problemas, los valores profesionales y los comportamientos (Camarinha-Matos & Afsarmanesh, 2005).

Red De Fabricación Virtual (VMN): Una red de fabricación virtual (Virtual Manufacturing) es una red de fabricación que no pertenece a una sola empresa, sino que se construye con el uso de las ICT para reunir a diferentes proveedores y socios de la alianza, creando así una red virtual que puede funcionar como una única red de suministro propia. Mediante el uso de las tecnologías de la información y la comunicación (ICT), una red de fabricación virtual reúne a diferentes proveedores y socios, gestiona la configuración, la dirección y el seguimiento del proceso de fabricación a través de la tecnología (Simon, 2017).

La fabricación virtual puede mejorar uno o varios niveles de toma de decisiones y control en el proceso de producción (diseño de productos y procesos, planificación de procesos y producción, maquinarias y herramientas, robots y sistemas de producción). Al igual que las tecnologías de automatización, como el CAD/CAM, han acelerado el diseño de los productos, la fabricación virtual tendrá un efecto similar en la fase de producción al modelar, simular y optimizar el producto y los procesos que intervienen en su fabricación (Dépincé et al., 2004).

Establecimiento Flexible (Agile Shop Floor): En la industria manufacturera, el establecimiento flexible es una red de colaboración que permite un cambio rápido. Las diferentes células del taller que participan en el proceso de fabricación se ponen a disposición por contrato (Simon, 2017). El entorno dinámico de una empresa virtual requiere que los socios del consorcio posean talleres reconfigurables (Ribeiro & Barata, 2006). Este es un enfoque prometedor para permitir cambios rápidos en la infraestructura del taller y su sistema de control (Camarinha-Matos, 2004).

E-Ciencia: Este tipo de comunidad colaborativa global es específica de la ciencia y permite compartir recursos entre profesionales e instituciones. También implica infraestructuras de ICT que permitan compartir recursos de forma flexible, segura y coordinada. Los wikis, los blogs, las redes sociales virtuales, la informática en red y el acceso abierto, son sólo una breve selección de las nuevas tecnologías relacionadas. En la actualidad, no existe un término de uso generalizado ni una definición común de e-ciencia, lo que limita la comprensión del verdadero potencial del concepto (Koschtial, 2021).

Puede definirse como red de colaboración científica (SCN) o red de colaboración académica o red de intercambio social. Los científicos utilizaron por primera vez este tipo de red de colaboración para compartir investigaciones y publicaciones entre ellos. También fueron utilizados por los académicos como redes sociales. Sin embargo, en los últimos años, los científicos han sido capaces de organizar colaboraciones internacionales para promover el progreso de la investigación (Simon, 2017).

Laboratorio Virtual: este tipo de entorno de e-Ciencia representa un entorno heterogéneo y distribuido de resolución de problemas que permite a los científicos e investigadores dispersos en diferentes centros del mundo, compartir recursos como datos, información, equipos y herramientas.

De forma similar a los Ecosistemas de Innovación, por su naturaleza de alianza a largo plazo, podemos encontrarnos con los *Ecosistemas Corporativos* y los *Sistemas de Producción VO (VBE)*.

Ecosistema Empresarial: conjunto de organizaciones que participan en el desarrollo y la prestación de un producto o servicio específico mediante la competencia y la cooperación simultáneas. Esta red puede estar formada por proveedores, clientes y organismos reguladores. (Son similares a los clusters empresariales: una concentración geográfica de empresas, proveedores e instituciones interconectadas y asociadas en un campo determinado. Se cree que las agrupaciones aumentan la productividad con la que las empresas pueden competir, tanto a nivel nacional como mundial). Una IE es un concepto más amplio y es un entorno más abierto y dinámicamente emergente que un ecosistema empresarial.

Entorno de Reproducción VO (VBE): Es una asociación (también conocida como clúster) o grupo de organizaciones y sus instituciones de apoyo relacionadas, que tienen tanto el potencial como la voluntad de cooperar entre sí mediante la creación de un acuerdo de cooperación "básico" a largo plazo y una infraestructura interoperable (Camarinha-Matos & Afsarmanesh, 2005) y la adopción de principios de funcionamiento e infraestructura comunes, con el objetivo principal de aumentar tanto sus posibilidades como su preparación para la colaboración en potenciales Organizaciones Virtuales (Afsarmanesh & Camarinha-Matos, 2005).

Estas organizaciones se ponen a disposición de las oportunidades. Actuando como intermediario, un miembro elige qué empresas podrían participar en determinado proyecto y luego las contrata. Una vez en la VBE, los miembros establecen la infraestructura y los acuerdos (Simon, 2017). Se trata, pues, de una asociación abierta y regulada, pero controlada por sus miembros. Su objetivo es mejorar la preparación de sus organizaciones miembros para unirse a futuras VO potenciales, proporcionando así una plataforma para la creación de redes de colaboración dinámicas y ágiles impulsadas por las oportunidades (Afsarmanesh & Camarinha-Matos, 2005).

Las VBEs motivan la creación de Organizaciones Virtuales (VO) como organizaciones que responden con gran flexibilidad a las necesidades cambiantes del mercado. Las VBEs definen (implícita o explícitamente) los principios primarios de trabajo y reparto para estimular la colaboración entre los miembros y asegurar los beneficios a largo plazo (Galeano Sánchez et al., n.d.).

Para atraer y retener a los miembros y socios, es importante definir un sistema de incentivos. Los incentivos pueden ser beneficios empresariales y de conocimiento: beneficios de costos, participación garantizada en un determinado número de VO, tutorías y cursos para mejorar las habilidades empresariales (como la productividad) y apoyo de un miembro con sugerencias y consejos constructivos.

Ahora que tienes una visión más clara de las redes de colaboración, también será útil saber que un Ecosistema de Innovación suele abarcar muchos tipos de actores, infraestructuras existentes y también otras redes de colaboración. Al no existir fronteras físicas u organizativas, los Ecosistemas de Innovación (IE) abarcan universidades, laboratorios privados de I+D (Innovación y Desarrollo), agencias de financiación y bancos, etc., así como agrupaciones industriales previamente establecidas, hábitats de innovación y VBE. Por lo tanto, los IE pueden considerarse como un entorno "lógico" que está por encima de las alianzas existentes con las CN (Redes de Colaboración) y otras no-CN (Camarinha-Matos et al., 2015). Por último, los Ecosistemas de Innovación pueden interactuar con otros IE.

Las redes de colaboración se aplican ahora en una gran variedad de sectores, como la producción industrial, los servicios, la logística y el transporte, la investigación científica, el desarrollo, la gestión de la energía, la educación, la agroindustria, la administración pública, la atención a los ancianos y muchos más.

Como puedes ver, la colaboración puede hacer maravillas. Los beneficios potenciales de la colaboración son infinitos. Hemos visto cómo las empresas pueden desarrollar redes de colaboración con organizaciones o profesionales complementarios para ser competitivas en determinados negocios, mercados o innovaciones científicas.

Las redes de colaboración desempeñan un papel relevante en la creación de nuevas estructuras socioeconómicas y organizativas; representan un enfoque muy prometedor para la cocreación de valor y un mecanismo importante para ayudar a las organizaciones a responder mejor a las oportunidades de negocios o a sobrevivir en condiciones turbulentas e inciertas (Camarinha-Matos, 2009).

Cómo Crecer e Interactuar con la Red de Colaboración

Como se ha explicado anteriormente, la Red de Colaboración está en constante evolución y recientemente se ha hecho más popular a medida que las empresas crecen, debido a los nuevos problemas a los que se enfrentan las empresas y la sociedad. Gran parte de esto, puede deberse a la reducción de las barreras al consumo y al aumento del conjunto de bienes y servicios que los consumidores pueden ahora permitirse. Este nivel de acceso exige una mayor calidad de los bienes y servicios a través de la diversidad, por lo que se hacen necesarias las redes de colaboración. La información y la tecnología deben evolucionar para satisfacer el mercado de los consumidores y esto sólo es posible mediante los negocios virtuales y la formación de las redes de colaboración a través del mundo virtual.

Una ventaja para las empresas que utilizan las redes de colaboración es que el negocio se fortalece. Es decir, son capaces de superar cualquier reto o volatilidad que pueda atravesar el mercado gracias a su mayor acceso a la información que amplía no sólo su mercado, sino también su base de conocimientos.

Además, la creación de redes, las empresas pueden conocer mejor el mercado y lo que las empresas desean conseguir. De este modo, las empresas no sólo se centran en la consecución de sus objetivos, sino también en el crecimiento y desarrollo del mercado en el que operan. La innovación es capaz de crear un nuevo tipo de valor, o de crear valor, ampliando así la base de conocimientos con la que gestiona el mercado. Las redes de colaboración se centran en los conocimientos, las habilidades, la subjetividad de las personas implicadas y los factores externos que pueden influir objetivamente en todos los implicados.

La creación de una red de colaboración se realiza a menudo a través de empresas virtuales y, por tanto, Internet desempeña un papel importante. Internet tiene la capacidad de conectar a personas en distintos lugares, con distintas identidades, habilidades y conocimientos. Esto no sólo permite que la colaboración en red se desarrolle mejor que la colaboración normal, sino que también deja espacio para que crezca y se desarrolle un elemento de diversidad, ampliando así los conocimientos y el alcance que puede tener una empresa, porque las redes de colaboración son sistemas complejos que requieren contribuciones multidisciplinarias y una combinación de perspectivas diferentes. Las redes de colaboración, aunque tienen el potencial de formar estas grandes y diversas bases de conocimiento, pueden encontrarse con el problema de no poder asignar qué miembro puede aportar valor a un producto o base de conocimiento. Cuando los equipos están repartidos en distintas ubicaciones geográficas y trabajan en horarios y con métodos diferentes, no es fácil entender de dónde procede exactamente el valor que la empresa está creando. Esto podría significar que existan lagunas en determinados mercados que podrían no contribuir tanto. Estas lagunas pueden estar relacionadas con una base de conocimientos intangibles y pueden pasarse por alto a la hora de traducir los conocimientos en el valor añadido, lo que supone un producto de mayor calidad.

Para que las empresas puedan aprovechar al máximo las redes de colaboración, existen tres factores que la desarrollan. Se trata de *networking*, la *coordinación* y la *cooperación*. Para entender cómo forman parte de una colaboración exitosa, se definirán a continuación.

El **networking** puede definirse como la capacidad de crear contactos para ampliar las oportunidades y compartir información mediante la comunicación para obtener un beneficio compartido.

La **coordinación** es la unificación, la integración, la sincronización de los esfuerzos de los miembros del grupo, para proporcionar unidad de acción en la búsqueda de objetivos comunes. Por lo tanto, es la unidad de acción entre empleados, grupos y departamentos, pero también es la capacidad de la gerencia para asignar cómo y cuándo deben cumplirse determinadas tareas, de modo que, aunque los miembros del equipo trabajen desde distintas zonas horarias, puedan cumplir con el trabajo asignado.

La cooperación se opone al trabajo en competencia para el beneficio propio. Es el proceso de grupos de organismos que trabajan o actúan juntos para un beneficio común y mutuo. Es la capacidad de compartir recursos y también información, lo que aumenta el potencial de que el equipo realice su trabajo de forma eficiente y eficaz. Así, las personas se ayudan mutuamente para lograr un objetivo común y obtener beneficios mutuos.

Utilizando estas ideas y el poder de colaboración de las redes de Internet, tu negocio puede dispararse.

¿Por dónde puedes empezar a construir tu red de colaboración y obtener así una ventaja competitiva en el mercado? Empieza por crear tu red de expertos, socios, clientes y proveedores. Empieza creando un grupo de trabajo con ellos y sentando las bases de una alianza estratégica a mediano y largo plazo. Si no saben de qué estás hablando, puedes regalarles este libro. Si aprendes a unir fuerzas, puedes ser imbatible.

Obtendrás una serie de ventajas, como la cocreación de bienes y servicios, la creación de empresas sostenibles, el desarrollo de una mano de obra tecnológicamente avanzada y el acceso a un conocimiento mucho más amplio y multidisciplinario.

Los actuales avances en las ICT, concretamente la informática ubicua y la creación de redes, ofrecen la posibilidad de interconectar competencias y recursos, reduciendo la dependencia de las barreras geográficas, lo que representa una oportunidad para combatir los desequilibrios regionales crónicos (Camarinha-Matos, 2009). Incluso si se aumenta la colaboración, seguirán existiendo retos importantes. Por ejemplo, la configuración óptima de la red y la búsqueda de los socios adecuados, no sólo de los que están dispuestos a participar. El mayor reto es la seguridad. Mantener la información en segura en un mundo tecnológico es casi una utopía. Pero la participación en redes se ha convertido en algo muy importante para cualquier organización que busque obtener una ventaja competitiva en condiciones de mercado turbulentas, especialmente en el caso de las pequeñas y medianas empresas (Camarinha-Matos, 2009).

En cuanto a la seguridad, Maxim Sytch – investigador de la Ross School of Business de la Universidad de Michigan – descubrió que las redes más abiertas que forman acuerdos de investigación y desarrollo con socios de diferentes industrias y áreas geográficas suelen ser menos seguras para los secretos comerciales, pero evolucionan mucho más rápido (este es el ejemplo de las industrias tecnológicamente más dinámicas, como la biotecnología y la microelectrónica). Por otro lado, las redes más cerradas que sólo colaboran con socios conocidos o recomendados, limitan el progreso global, pero consiguen mantener los secretos de la empresa más seguros (industrias química, farmacéutica y del automóvil).

Fig. 6: La colaboración en red permite a las empresas tener empleados en cualquier parte del mundo.

Cómo Combinar el Smart Working y el Trabajo Remoto con la Colaboración en Red

Como hemos señalado anteriormente, la colaboración en red puede ser un recurso inestimable para construir una empresa fuerte y eficiente. La colaboración en red se basa en las tecnologías que hacen posible el trabajo ágil, así como en el modelo de trabajo a distancia, para garantizar que el trabajo sea de alta calidad y se complete a tiempo. La colaboración en red puede integrarse fácilmente en un modelo de trabajo ágil o remoto a través de una comunicación clara y un cronograma guía de realización de tareas.

Dicho esto, creo que es necesario abordar ahora algunas cuestiones para evitar que se produzcan problemas graves y que la comunicación y la productividad de la empresa se vean perjudicadas.

Un grupo de investigadores (Longqi Yang, David Holtz, Sonia Jaffe, Siddharth Suri, Shilpi Sinha, Jeffrey Weston, Connor Joyce, Neha Shah, Kevin Sherman, Brent Hecht y Jaime Teevan) que analizaron varios datos de correos electrónicos, calendarios, mensajes instantáneos, llamadas de vídeo/audio y horas de trabajo semanales de 61.182 empleados estadounidenses de Microsoft en los primeros seis meses de 2020 para estimar los efectos causales del trabajo a distancia en toda la empresa sobre la colaboración y la comunicación, descubrieron que el trabajo a distancia en toda la empresa hizo que las redes de colaboración de los trabajadores se volvieran más estáticas y en bloques, con menos puentes entre partes dispares. Además, hubo una disminución de la comunicación sincrónica y un aumento de la comunicación asincrónica. En conjunto, estos efectos pueden dificultar que los empleados adquieran y compartan nueva información a través de la red. (L Yang et al., 2021).

¿El trabajo remoto dificulta realmente la colaboración y la comunicación? Sabemos que el cambio al trabajo remoto ha tenido un impacto significativo en la comunicación y la colaboración en el lugar de trabajo entre los trabajadores.

El paso de Microsoft al trabajo remoto, ha perjudicado la comunicación y la colaboración entre los distintos grupos de trabajo de la empresa, lo que amenaza la productividad y la innovación de los empleados a largo plazo (Roe, 2021).

El estudio descubrió que los trabajadores totalmente remotos pasaban un 25% menos de tiempo colaborando, tenían menos conversaciones en tiempo real y disminuían las horas dedicadas a las reuniones en un 5% (Kekatos, 2021).

El informe publicado en *Nature Human Behaviour* afirma:

"Nuestros resultados muestran que el cambio al trabajo remoto en toda la empresa hizo que los grupos de negocio dentro de Microsoft estuvieran menos interconectados.

También redujo el número de vínculos que llenaban los agujeros estructurales de la red de colaboración informal de la empresa y provocó que los individuos pasaran menos tiempo colaborando con los vínculos que quedaban."[6]

6. Una red de vínculos (o vínculo de enlace) es una relación que abarca un hueco estructural en una red, es decir, está definido por la estructura de la red que rodea al vínculo, y puede ser un vínculo fuerte o débil (Levin, 2011). Los vínculos son importantes para obtener nueva información. Sin embargo, cuando los empresarios intentan tender un puente entre dos redes, pueden encontrar problemas debido a la variedad de conocimientos entre los individuos de ambas redes (Scholten et al. 2015).

"Además, el cambio en toda la empresa hacia el trabajo a distancia ha hecho que los empleados pasen una mayor proporción de su tiempo de colaboración con sus vínculos más fuertes, que son más propensos a la transferencia de información, y una menor proporción de su tiempo con los vínculos débiles, que son más propensos a proporcionar acceso a nueva información."

"Esperamos que los efectos que observamos en las pautas de colaboración y comunicación de los trabajadores, repercutan en la productividad y, a largo plazo, en la innovación. Sin embargo, en muchos sectores, las empresas están tomando decisiones para adoptar políticas de trabajo a distancia permanentes basadas únicamente en datos a corto plazo."

"Las empresas que toman decisiones basadas en análisis no causales, pueden establecer políticas inadecuadas. Por ejemplo, algunas empresas que optan por una política de trabajo a distancia permanente, pueden ponerse en desventaja al dificultar la colaboración y el intercambio de información entre los trabajadores."

"Además de estimar los efectos causales del trabajo a distancia a nivel de la empresa, nuestros resultados también proporcionan una visión preliminar de los efectos de las políticas de trabajo a distancia, como el trabajo mixto e híbrido. En particular, algunas veces, los efectos sobre los empleados sugieren que los acuerdos de trabajo híbrido y combinado, pueden no funcionar tan bien como las empresas esperan. Las implementaciones más eficaces del trabajo híbrido y combinado, podrían ser aquellas que intentan deliberadamente minimizar el impacto de los efectos de la colaboración en aquellos empleados que no trabajan a distancia; por ejemplo, las empresas podrían considerar la implementación del trabajo híbrido, en donde ciertos equipos acuden a la oficina en determinados días, o en las que la mayoría o todos los trabajadores acuden a la oficina algunos días y trabajan de forma remota otros."

En cuanto a las soluciones híbridas, el profesor David Holtz, coautor de este estudio, nos dice que "el hecho de que la situación de trabajo a distancia de tus compañeros afecte tus hábitos de trabajo, tiene importantes implicaciones para las empresas que se plantean políticas de trabajo híbrido o mixto". Por ejemplo, tener a tus compañeros de equipo y de trabajo en la oficina al mismo tiempo, mejora la comunicación y el flujo de información tanto para los que están dentro, como para los que están fuera de la oficina. "Es importante reflexionar sobre cómo se aplican estas políticas" (Barkley, 2021).

Vadim Tabakman – vicepresidente de preventa global de Nintex – señala que es posible encontrar áreas en cualquier empresa en las que las afirmaciones de Microsoft podrían ser correctas o incorrectas, y todo depende de la tecnología y los recursos que los empleados tengan a su disposición (Roe, 2021). También añadiría que esta dinámica depende del número de personas implicadas. El estudio en cuestión afecta a 61.182 empleados, no a un grupo de 10 o 50 personas.

Amie Devero – coach ejecutivo y consultor de estrategia para empresas tecnológicas – nos cuenta desde su experiencia, que las reuniones de equipo y las reuniones individuales han continuado en las empresas con trabajo a distancia, pero que la comunicación lateral y diagonal entre los miembros de los distintos equipos, entre los gerentes con los miembros de otros equipos, entre los empleados titulares y los nuevos en las distintas funciones, ha cesado en gran medida (Roe, 2021). Nos dice que "los equipos individuales se comunican internamente. Crean sus propias estrategias y tácticas, por no hablar de cultivar sus propias culturas".

"Esto erosiona la gran visión de una estrategia y una misión. Por lo tanto, los distintos equipos tienen poca experiencia o conocimiento de los otros equipos, excepto a través de los cuadros de mando o los paneles de control. Las relaciones no se forman ni se promueven. La innovación existe en un entorno más pequeño y con menos interconexiones. Como la innovación depende de las conexiones que se establecen entre elementos diversos o incluso improbables, es, por definición, limitada" (Roe, 2021).

Se trata de una información muy útil y valiosa; los entornos más pequeños y más limitados tal vez se vean beneficiados. A quienes opten por soluciones híbridas o mixtas les será muy útil esta información.

Las soluciones híbridas resuelven un posible problema con los nuevos empleados que trabajan a distancia. Los nuevos empleados no conocen a sus compañeros y no han pasado tanto tiempo en la oficina como los más veteranos (Niu, 2021). En consecuencia, los recién llegados no consiguen "vivir la cultura de la empresa". Esto se traduce en una probabilidad un 20% menor de reconocer los valores de la empresa (Hyken, 2021).

Rolf Bax – director de recursos humanos de Resume.io – nos da más información valiosa: "También he comprobado que es más difícil orientar a los nuevos contratados en su función a distancia. Creo que el mayor reto de la incorporación a distancia en comparación con los métodos tradicionales en persona, es que es más difícil para un nuevo contratado hacerse una idea de la cultura de una organización y de su gente desde detrás de una pantalla".

El **onboarding** (o incorporación a una empresa) se refiere a un proceso de integración; el proceso posterior a la contratación que implica la incorporación del nuevo recurso a la empresa. Es una práctica para acelerar la integración de los recursos humanos que incluye iniciativas para mejorar la entrada de los recién llegados.

Para concluir este análisis de cómo utilizar el trabajo remoto y el smart working de la mejor manera posible, ahora arrojaremos más luz sobre las **modalidades de comunicación.**

A partir de la investigación realizada sobre los empleados de Microsoft, vimos cómo el trabajo a distancia hacía que los trabajadores pasaran más tiempo utilizando formas de comunicación asíncronas, como el correo electrónico y las plataformas de mensajería, y menos tiempo manteniendo conversaciones sincrónicas en persona, por teléfono o mediante videoconferencia (Barkley, 2021).

Para comprender mejor este fenómeno, se definirán ahora algunos términos.

Comunicación asíncrona: comunicación que no se produce en tiempo real. Los tiempos de respuesta son variables y no requieren la atención inmediata del destinatario. Ejemplo: correo electrónico, foros en línea, documentos colaborativos, redes sociales, chats, aplicaciones de mensajería. Todos tienen la posibilidad de comunicarse a su propio ritmo. El remitente puede enviar su mensaje y dedicarse a otras actividades.

Comunicación sincrónica: la comunicación se produce en tiempo real. Ejemplo: comunicación en directo, teléfono, videollamada. Se requiere la atención inmediata del destinatario. También podemos utilizar aplicaciones de chat y mensajería, pero en este caso puede haber pequeños retrasos en la respuesta (recibir el mensaje, leer, descifrar, pensar y escribir la respuesta).

También puede haber un modo de **comunicación híbrido** que utilice aplicaciones de chat y mensajería. Estas aplicaciones permiten una comunicación asíncrona cuando los implicados no están conectados simultáneamente, y una comunicación sincrónica cuando están conectados.

Es fundamental para la comunicación y la productividad de la empresa, saber cuándo hay que utilizar un sistema en lugar de otro para intercambiar información. Esta es una habilidad que puede aumentar la eficiencia de cualquier grupo de trabajo. El equipo no debe perder tiempo ni energía.

Los gerentes deben promover:

- *El uso de la comunicación sincrónica ante situaciones de incertidumbre. Ejemplo: un miembro no sabe qué hacer con una determinada tarea y necesita información para proceder. Si la información se retrasa, la productividad se ve obstaculizada.*

- *Pasar de la comunicación asíncrona a la sincrónica ante los malentendidos. Ejemplo: si hay una falta de entendimiento durante un intercambio de correos electrónicos o mensajes de chat, evita prolongar la conversación, es mejor aclararlo verbalmente.*

- *El uso del correo electrónico cuando necesitamos dar respuestas detalladas, precisas y completas.*

- *El uso breve de los chats. Los chats deben agilizar y simplificar la comunicación. Un intercambio de información en las salas de chat que dure 30 minutos es una pérdida de tiempo. Podría hacerse en 10 minutos con un cambio a la comunicación sincrónica.*

- *La preferencia de la comunicación sincrónica frente a situaciones poco claras y caóticas, y también las urgentes y de emergencia.*

Por lo tanto, deben desalentar:

- *Enviar demasiados correos electrónicos sobre el mismo tema y mantener largas charlas cuando se ve que hay una falta de entendimiento.*

- *La solicitud de respuestas por parte de una herramienta asíncrona ante situaciones urgentes, a menos que esté bien evidenciado.*

- *Enviar comunicaciones escritas poco claras y confusas. En estos casos, es mejor hacerlo verbalmente para aclarar las cosas.*

Comprender plenamente la dinámica abordada hasta ahora te dará una importante ventaja competitiva. La información que has recibido será crucial para el rendimiento, la eficiencia y la productividad de tu empresa.

Las Trampas de la Realidad Virtual

Cuando nos movemos en un entorno, necesitamos conocer las características del medio en el que nos movemos. Es importante entender las características y el funcionamiento de los entornos virtuales.

Suelen ser entornos en los que se produce una **comunicación aislada.** Como las redes sociales quieren que pases el mayor tiempo posible en sus plataformas, utilizan muchas estrategias. Los algoritmos de las redes sociales hacen que la gente se relacione con personas afines con valores, ideales e intereses similares.

Los algoritmos limitan el encuentro con la diversidad, es poco probable que te sugieran páginas o perfiles que no se ajusten a tus intereses, de lo contrario se arriesgan a perder tu atención, lo que significa perder beneficios.

En estos entornos suele haber una tendencia a **conformarse con los compañeros**, donde las personas de un grupo, en lugar de decir lo que realmente piensan, dicen cosas que pueden ser compartidas y aprobadas por otros miembros. El problema es que parece que para muchos lo importante es agradar a los demás, recibir likes y shares, en lugar de ser realmente ellos mismos; expresar y manifestar su verdadera esencia.

Además, conviene recordar que la mayor parte del **tráfico de datos en la red** pertenece a unos pocos actores mundiales.

Estas dinámicas – trampas de la realidad virtual – son enemigas de la visión de conjunto y del pensamiento pluralista. Te ayudará mucho contar con un grupo de trabajo mastermind.

4. El Grupo Mastermind

Ya he escrito un libro sobre los grupos de mastermind, en el que hablo de los orígenes históricos, la creación y la gestión del grupo de mastermind.[7] Así que lo que trataré de hacer en este capítulo es abordar el tema desde otros ángulos.

7. *El Poder del Grupo Mastermind* es un libro pequeño pero fundamental para cualquiera que quiera entender cómo funciona un grupo mastermind y cómo gestionar y crear uno. En mi canal de YouTube "Edoardo Zeloni Magelli" se puede escuchar la mayor parte del audiolibro de forma gratuita. Aprovecho para invitarte a que te suscribas a mis canales sociales para que no te pierdas otra información valiosa y a que te descargues los recursos gratuitos para la mente que puedes encontrar en zelonimagelli.com

Dado que existen casi infinitos matices cuando se habla de Grupos Mastermind, creo que es conveniente definirlo en términos nuevos y más congruentes con el tema del libro. Consciente de que en otros contextos, escribiría este capítulo sobre los grupos mastermind de otra manera y con otro contenido. Sería un capítulo completamente diferente, pero igualmente correcto en la definición de un grupo de mastermind.

La Mente Maestra

Napoleón Hill acuñó el término "alianza de mentes maestras", también conocido como "alianza de cerebros", y lo definió como el trabajo armonioso entre dos o más personas hacia un fin determinado. Desde entonces, el término se ha modernizado y ahora se denomina grupo mastermind. El grupo mastermind, tal y como lo explica Hill, es la colaboración de esfuerzos y conocimientos entre dos o más personas que trabajan hacia un objetivo definido, explica además que dos mentes no pueden trabajar juntas sin la formación de una tercera mente invisible (una fuerza intangible), que puede denominarse mente maestra.

La Química de la Mente

El principio del mastermind encuentra su fundamento en las leyes de la naturaleza. Todo cerebro humano es una estación de transmisión y emisión; tanto emite como recibe las vibraciones de la frecuencia del pensamiento.

Cada mente está directamente conectada con todas las demás a través del éter. Cualquier pensamiento emitido por cualquier mente, puede ser inmediatamente recogido e interpretado por otras mentes.

Algunas mentes cuando entran en contacto muestran una afinidad natural entre ellas, mientras que otras muestran una fuerte aversión. Entre estos dos extremos hay muchas otras posibilidades de reacción. A veces estos resultados se producen sin haber expresado una sola palabra.

Somos energía vibrante, y nuestra mente está formada por una sustancia mental que provoca una reacción química cuando entra en contacto con otras sustancias mentales de otras mentes. Esta reacción química crea vibraciones que pueden ser agradables o desagradables.

Con algunas personas nos sentimos muy bien, con otras no tanto; el efecto de la unión de dos mentes es evidente: se provoca un estado de ánimo completamente diferente al que existía justo antes de la interacción. Cuando dos mentes entran en contacto, se produce un cambio notable en ambas. Las sustancias mentales que han entrado en contacto han generado un nuevo campo energético que ha cambiado el estado de ánimo.

Cada mente tiene su propio campo de energía que podemos llamar **campo eléctrico mental**. El campo eléctrico mental cambia constantemente, y está influenciado por la química de la mente, que es cambiante.[8]

[8]. El cuerpo humano produce un campo electromagnético. Somos seres electromagnéticos. Cada una de nuestras células produce un campo electromagnético. La vida se basa en dos aspectos: la materia y un componente no material, eléctrico (Fels, 2018). Los avances en biofísica, biología, genómica funcional, neurociencia, psicología, psiconeuroinmunología y otros campos, sugieren la existencia de un sistema sutil de interacciones de "biocampo" que organizan los procesos biológicos desde los niveles subatómico, atómico, molecular, celular y orgánico hasta el nivel interpersonal y cósmico (Muehsam et al. 2015).

El biocampo o campo biológico, es un complejo campo energético organizativo que participa en la generación, mantenimiento y regulación de la homeodinámica biológica (Rubik et al., 2015). Las propiedades de dicho campo podrían basarse en los campos electromagnéticos, los estados coherentes, los biofotones, los procesos cuánticos y similares y, finalmente, el vacío cuántico (Kafatos et al., 2015).

El aura humana es un ejemplo de un tipo familiar de biocampo que ha ganado aceptación en los círculos científicos, ya que los estudios de laboratorio han correlacionado las observaciones de los lectores de aura, con cambios medibles en las señales electromagnéticas que emanan de la persona cuya aura se lee (Dean, 2003).

El biocampo es un gran campo energético que rodea y se extiende desde el cuerpo, aproximadamente 150 cm a cada lado y 90 cm por encima y por debajo (McKusick, 2014). El campo eléctrico mental tiene una mayor extensión y puede variar de una persona a otra. Un campo eléctrico mental puede comunicarse con otro campo al otro lado del mundo. Podemos acceder a información de todo tipo a través de impulsos eléctricos.

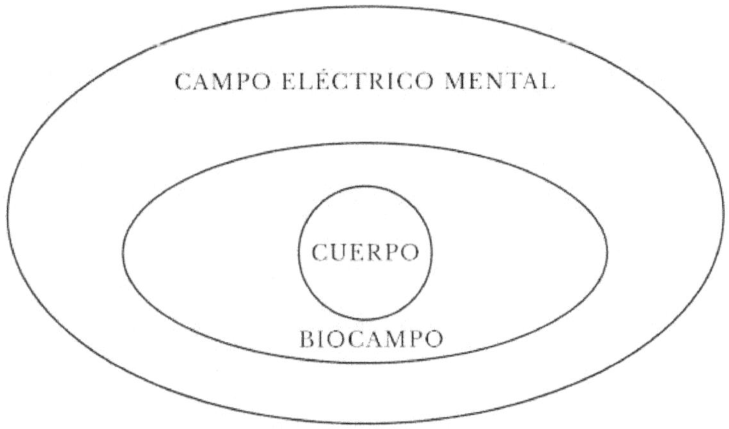

Fig.7: Cuerpo, Biocampo y Campo Eléctrico Mental.

Las interacciones de biocampo pueden conducir a la regulación de los procesos bioquímicos, celulares y neurológicos a través de medios relacionados con el electromagnetismo, los campos cuánticos y quizás otros medios de modulación de la actividad biológica y el flujo de información (Muehsam et al. 2015).

En el entorno eléctrico interno de nuestros cuerpos tiene lugar la magia de la vida y este entorno también puede ser poderosamente influenciado a través de las vibraciones del sonido (McKusick, 2014) y las vibraciones de otras mentes.

La naturaleza de este campo varía según la frecuencia energética de la mente individual y las reacciones químicas causadas por las interacciones con otras mentes.

Este campo energético es capaz de atraer a determinadas personas, cosas, situaciones y acontecimientos, e igualmente capaz de repelerlos. Este proceso puede tener lugar sin la ayuda de palabras, expresiones faciales u otras formas de movimiento corporal o comportamiento.

Es posible cambiar químicamente la propia mente para atraer o repeler otras mentes, para formar una mente maestra.

La Perfecta Armonía

La armonía es otra ley de la naturaleza que permite la vida. La vida es energía organizada en armonía. La armonía impregna cada uno de los átomos de la naturaleza, nuestros cuerpos y nuestras mentes. Cuando la armonía falla, se inicia un proceso que conduce a la muerte. Esto es lo que ocurre en los ecosistemas naturales y también en nuestro propio cuerpo. Cuando los órganos dejan de funcionar en armonía, la vida se debilita.[9]

9. A continuación veremos la importancia de la armonía para nuestro cuerpo, y luego comprenderemos la importancia de la armonía en nuestro entorno, ya que los campos energéticos de los lugares y las personas, interactúan con los nuestros y nos influyen. Todos estamos interconectados.

La mecánica cuántica ha establecido la primacía del conjunto inseparable. Por esta razón, la base de la nueva biofísica debe ser la comprensión de la interconexión fundamental dentro del organismo, así como entre los organismos, y la del organismo con el medio ambiente (Popp y Beloussov, 2013). Nuestras células producen un campo magnético biológico que nos mantiene sanos. Cada célula conoce y se comunica con todas las demás. Las células intercambian miles de bits de información por segundo y forman una gigantesca red de comunicación. El cuerpo puede considerarse un gran sistema cuántico, en el que la biocomunicación entre células desempeña un papel importante. Este intercambio de información permite regular la forma, el crecimiento y la regeneración del organismo y preside las interacciones entre el cuerpo y la mente (Centro de Medicina Biológica, 2019).

Cuando las células reciben la información, pueden ponerse en equilibrio o desequilibrio. La comunicación de célula a célula es la base de la actividad celular coordinada y, por tanto, fundamental para el funcionamiento de los sistemas biológicos (Scholkmann et al., 2013). Un diálogo en armonía entre el nivel electromagnético de la materia viva y el nivel químico, garantiza que el tráfico de moléculas esté bien ordenado. La mayoría de los investigadores definen el biocampo en términos de actividades electromagnéticas de bajo nivel, pero medibles, que desempeñan un papel fundamental en el mantenimiento de la salud como los fenómenos químicos, bioquímicos y bioeléctricos más estudiados que suele abordar la medicina occidental (Dean, 2003).

El biocampo es el resultado de diferentes componentes energéticos como las ondas electromagnéticas, acústicas y vibratorias de naturaleza endógena, es decir, que se originan en el interior. El organismo, por tanto, puede representarse como una entidad bioinformacional y biocibernética, en la que las vibraciones energéticas son capaces de transferir información de un punto a otro del cuerpo permitiendo su desarrollo, organización y su estado de salud (Centro de Medicina Biológica, 2019).

Las alteraciones electromagnéticas, son capaces de afectar nuestras funciones orgánicas y nuestra energía vital (Bernardi, 2018). Los procesos vitales están regulados por oscilaciones electromagnéticas, que son las encargadas de los procesos bioquímicos, la enfermedad puede verse como un conjunto de oscilaciones "enfermas" que conducen a una regulación incorrecta: antes de manifestarse en síntomas corporales, la enfermedad puede buscarse en una perturbación de las oscilaciones de frecuencia fisiológicas, perturbación sobre la que podemos intervenir mediante la contrarregulación o la potenciación (Lifegate, 2009).

Nuestra salud está influenciada por el funcionamiento de nuestros campos electromagnéticos. Somos una comunidad de 100 billones de células que se relacionan entre sí. Cuando el campo magnético no funciona en armonía desarrollamos patologías.

El Dr. Franco Lenna – médico experto en homeopatía holística y medicina biofísica-cuántica – nos dice que cuando nuestro campo magnético biológico deja de ser eficaz, desarrollamos enfermedades, las células dejan de comunicarse a través de su lenguaje electromagnético y comienza la patología (no la patología traumática, que es un hecho mecánico que afecta sólo al 5% de las enfermedades). Al restablecer el campo magnético correcto, muchas patologías desaparecen. Se trata, pues, de una restauración de frecuencias. Cada órgano tiene su propia frecuencia. Debemos equilibrar los distintos parámetros de nuestras células. Debemos intervenir sobre la totalidad, aportando más orden, más acuerdo y equilibrio entre las distintas células.

Cuando restauramos las frecuencias armónicas de nuestro campo magnético, muchas enfermedades desaparecen. El biocampo es el lugar principal de curación y la mayoría de las formas de enfermedad y disfunción humanas, son potencialmente susceptibles de corrección a través del biocampo (Dean, 2003).

El Dr. Piergiorgio Spaggiari – físico, médico y profesor experto en Medicina Cuántica – señala que una patología puede tratarse mediante el uso correcto de un medicamento (aspecto bioquímico) o mediante la biorresonancia. Es decir, el uso de campos electromagnéticos ultradébiles capaces de modificar el campo electromagnético perturbador que ha provocado una reacción incorrecta (aspecto biofísico). También señala que detrás de los fenómenos electromagnéticos, bioquímicos y neurológicos siempre está la física cuántica, que en el campo de la biología ha aportado el nuevo concepto de interconexión entre las distintas partes del cuerpo, entre los organismos y entre los organismos y su entorno.

Estamos interconectados con nuestro entorno. Todos estos procesos dentro del biocampo también están influenciados por los campos energéticos de las personas que nos rodean, por lo que es muy importante rodearse de "personas potenciadoras" y eliminar a las "personas despotenciadoras". La energía de las personas que nos rodean afecta a nuestro estado de salud. Todo en el universo tiene una vibración. Nuestro cuerpo está formado por órganos que vibran, las personas que nos rodean vibran a determinadas frecuencias y tienen sus propios campos de energía.

No podemos permanecer "sintonizados" durante mucho tiempo estando en un entorno con frecuencias discordantes y no compatibles con las nuestras. Necesitamos estar en lugares y rodearnos de personas que potencien nuestras frecuencias y las armonicen. Por ejemplo, cuando estamos con personas que queremos, nuestro organismo recibe frecuencias armonizadoras y nos sentimos bien.

Debemos buscar la armonía en nuestros lugares físicos y en nuestras relaciones con los demás, ya que los campos electromagnéticos influyen en nuestro estado de salud y nuestro cuerpo reacciona a los estímulos electromagnéticos. Como enseño en mis cursos de Psicología Primordial, el futuro de una semilla no sólo depende de sus cualidades, sino también de su suelo (lugar físico; familia; pareja; amigos; compañeros; escuela; aspectos sociales, políticos, culturales y legislativos de una ciudad).

Una mente maestra puede formarse mediante la agrupación o unión en un espíritu de perfecta armonía de dos o más mentes.

De la fusión armoniosa de dos o más mentes, por tanto, de la reacción química de las sustancias mentales implicadas, se crea una fuerza superior e intangible que podemos comparar con una tercera mente, que puede ser utilizada y asimilada por cualquiera de las mentes individuales o por todas ellas.

La cooperación armoniosa de dos o más personas que se alían con el propósito de alcanzar un determinado objetivo, desarrolla la presencia de una mente suprema, que puede guiar, inspirar, ofrecer ideas y percepciones, y nutrir una o todas las mentes individuales.

Puede ser difícil entender este fenómeno al principio porque no se percibe con los cinco sentidos, pero hay fuerzas superiores intangibles y todos estamos guiados por energías invisibles e intangibles.

Como nos enseñó Hill, esta mente maestra sigue estando disponible mientras perdure la alianza amistosa y armoniosa entre las mentes individuales; y se desintegrará, y con ella toda evidencia de su existencia anterior, en el momento en que esta alianza se rompa. Si las mentes involucradas en este proceso comienzan a tomar caminos divergentes, la mente maestra se desintegra.

Dado que la mente maestra es una fuerza que surge de la fusión y coordinación de dos o más mentes en un espíritu de perfecta armonía, no puede haber desarrollo de una mente maestra si falta el elemento de la perfecta armonía.

En un espíritu de armonía, las mentes individuales de un

grupo de personas pueden formar una mente maestra; la química de las mentes individuales se modifica para que estas mentes se fusionen y funcionen como una sola.

Las formas en que se producen estos procesos de fusión y mezcla son numerosas por lo que no se abordarán en este libro.

Grupos Mastermind

Hill afirma que la estructura en la que se cree el grupo de mastermind determinará su éxito. Es decir, debe haber un líder claro (aunque hay casos en los que se prefiere un liderazgo compartido), un objetivo por el que trabajar, así como reuniones periódicas. Estos ideales se ampliarán a continuación.

Los grupos Mastermind suelen basarse en el intercambio mutuo y beneficioso de conocimientos y recursos entre las personas. La idea de un grupo mastermind es que al compartir y tomar de los demás, cada persona es capaz de alcanzar sus objetivos mucho más rápido que si hubiera tratado de completar sus tareas en solitario.

Hill atribuye su gran éxito al uso de grupos de reflexión. Explica que a través de estas contribuciones beneficiosas y armoniosas, cada parte involucrada sale con algo de valor.

Puede tratarse de riqueza monetaria o incluso de una simple ganancia de conocimientos. Los grupos Mastermind están diseñados para poder crear una independencia en la que las personas involucradas son eventualmente capaces de establecer sus propias horas de trabajo, determinar sus propios precios, así como ser capaces de determinar sus propios ingresos.

Tal y como se practican en la actualidad, los grupos mastermind son espacios dirigidos por un facilitador que permiten el debate, la tormenta de ideas y la resolución de problemas para que las personas que forman parte de estos grupos puedan mejorar sus habilidades personales y profesionales.

Los grupos Mastermind no sólo permiten a los miembros crear objetivos que están claramente alineados con sus valores, sino que también animan a los miembros a alcanzar estos objetivos. También se anima a los miembros a que se apoyen mutuamente en la consecución de sus objetivos, ya sean laborales o personales, o a veces ambos. El proceso de un grupo mastermind comienza con la creación de objetivos y luego avanza hacia la realización de un plan para lograr dicho objetivo. Además, se cuentan historias de éxito de quienes ya han pasado por el proceso y se esfuerzan por hacerlo para inspirar a los propios grupos de mastermind. El grupo participa en la creación de su plan para alcanzar sus objetivos, a través de una lluvia de ideas creativas y compartidas, y esto le permite aportar su historia de éxito al grupo e inspirar a otros a alcanzar sus objetivos.

Ahora que se han explicado los grupos de mastermind, este capítulo se centrará en cómo crear un grupo mastermind, la heterogeneidad de los grupos de mastermind, los beneficios de los grupos de mastermind así como las desventajas, y cómo crear y gestionar un grupo de mastermind virtual.

Fig. 8: Los grupos Mastermind suelen estar compuestos por entre dos y ocho personas.

Cómo Crear un Grupo Mastermind

La mayoría de las personas son buenas para trabajar solas en la consecución de sus objetivos. Sin embargo, cuando se trabaja con personas de ideas afines, se ha comprobado que los objetivos se alcanzan mucho más rápidamente. Hill lo amplió con el principio del mastermind, como se ha explicado anteriormente. Puede parecer una tarea desalentadora encontrar a personas con ideas afines, pero crear un grupo mastermind es más fácil de lo que crees. Para crear un grupo de mastermind, tienes que **elegir un tema.** Esto puede ser tan específico como quieras o tan amplio como quieras, que desglosarás más tarde cuando tus objetivos se concreten. Para tu primer grupo de mastermind, se recomienda elegir un aspecto específico de tu vida que te gustaría empezar a cambiar y mejorar.

El segundo paso para crear un grupo mastermind es **seleccionar a personas que estén alineadas con tus valores y objetivos.** El objetivo es que se produzca un beneficio mutuo. No sólo tienes que poder contar con los miembros de tu grupo, sino que ellos también tienen que poder contar contigo. El tamaño de los grupos mastermind varía y puede estar formado por unas pocas personas o por muchas, dependiendo de lo que desees, pero se recomienda un mínimo de dos o tres para el beneficio mutuo. Los miembros potenciales deben ser personas que tengan un impulso y un compromiso similares, de modo que todos puedan trabajar eficazmente para lograr sus objetivos. Todos los miembros deben tener diferentes habilidades para que el grupo de mastermind sea diverso, lo que le permitirá ganar y compartir diferentes perspectivas hacia un objetivo común.

Napoleón eligió a hombres cuyas cualidades complementaban las suyas para ayudarle a superar sus debilidades. Henry Ford integró sus energías con las de Thomas Edison, Harvey Firestone, Luther Burbank y John Burroughs.

Todo el mundo tiene carencias en algún aspecto, que pueden ser suplidas por los miembros de un grupo mastermind. Uno de los secretos del éxito es ser capaz de amplificar el propio poder personal con las cualidades de otras personas, es decir, integrar la propia energía mental con la inteligencia, la experiencia, el conocimiento y el poder espiritual de otras personas complementarias.

Por último, los miembros deben ser solucionadores de problemas, esto es necesario porque las personas que disfrutan resolviendo problemas tienen habilidades de pensamiento crítico que conducirán a mejoras en todos los aspectos de sus objetivos.

El tercer factor en la creación de un grupo mastermind es la **creación de reglas**. Esto es para permitir una participación respetuosa y para garantizar que los comentarios no sean perjudiciales o maliciosos.

Ahora que has completado estos tres pasos, lo único que queda es celebrar reuniones periódicas para que tu grupo interactúe y alcance sus objetivos.

Fig. 9: Los grupos Mastermind facilitan que los miembros trabajen hacia un objetivo común.

Beneficios del Grupo Mastermind

Son muchos los beneficios de tener y pertenecer a un grupo

mastermind. El primero de ellos es el de **sentirse apoyados y comprendidos recíprocamente**. Los grupos suelen crearse con un objetivo específico en mente y si todos los miembros están de acuerdo con este objetivo, entonces todos trabajarán para conseguirlo. Esto les permitirá experimentar una cierta responsabilidad y los miembros se apoyarán mutuamente para lograr el objetivo.

Aunque los grupos mastermind tienen objetivos específicos, están compuestos por diferentes miembros. Esto deja espacio para **diferentes perspectivas** que pueden ser útiles cuando se trata de resolver un problema. Estos diferentes puntos de vista aportan valor, ya que ilustran otra forma de resolver algo.

Estos grupos **reúnen recursos**. Es decir, además de diferentes conjuntos de habilidades y perspectivas, los grupos mastermind reúnen a personas que tienen acceso a diferentes tipos de recursos que ayudan a alcanzar los objetivos de manera más eficaz y eficiente.

Además, la gran fuerza es que **el grupo vale más que la suma de sus individuos**. La mera suma de las contribuciones individuales es menor que el producto colectivo de las habilidades y los esfuerzos coordinados. Los resultados que puede conseguir un mastermind siempre serán mayores que los que podrían conseguir sus miembros individualmente.

Otra ventaja de los grupos mastermind es la **responsabilidad** que genera el grupo. Cuando se trabaja en pos de un objetivo común, los miembros del grupo son capaces de ceñirse a los objetivos acordados y de animarse mutuamente a alcanzar la excelencia.

Los grupos Mastermind son excelentes para facilitar un espacio seguro para la formación de vínculos dentro de un grupo. Esto permite la formación de **relaciones sólidas** entre los miembros del grupo. En un entorno virtual con modelos de trabajo remoto o smart working, el grupo de mastermind fomentará la creación de equipos y esto conducirá a una mejor comunicación. Tiene el potencial de hacer que el **trabajo sea más productivo** no sólo a través de la resolución de problemas, la lluvia de ideas o el intercambio de conocimientos, sino también a través de las habilidades que el grupo de mastermind fomenta. Esto incluye la comunicación y una mentalidad abierta a la diversidad, aunque todos los miembros trabajen por un objetivo común.

Te invito a releer este libro varias veces con mucha atención. Cada vez que lo releas, encontrarás nuevos conceptos que se te pasaron por alto anteriormente. Tu conciencia de la dinámica de grupo ha cambiado.

Ahora que entiendes el principio del mastermind, comprenderás aún mejor la importancia de la colaboración y de las redes de colaboración. Los beneficios de la colaboración son los beneficios subyacentes de un grupo de mastermind.

Grupos Mastermind Virtuales

La ubicación geográfica no debe ser un factor que obstaculice la actuación de los grupos mastermind. Como se hemos mencionado en los capítulos anteriores, el mundo empresarial ha evolucionado hasta el punto de que la tecnología se ha convertido en un motor de innovación. Esto puede verse a través del trabajo remoto o de un modelo de trabajo a distancia conocido como smart working. Por lo tanto, la creación de un grupo virtual de mastermind no sólo es posible, sino que mejorará la forma en que una empresa trabaja para alcanzar sus objetivos.

Los grupos mastermind virtuales utilizarán los mismos factores que la creación de un grupo mastermind, sin embargo, estos grupos necesitarán un programa que se ejecute para maximizar el potencial del grupo mastermind virtual.

Ventajas y Desventajas de un Grupo Mastermind Virtual

Las ventajas de un grupo mastermind virtual son similares a las de un grupo mastermind. Sin embargo, el uso de Internet crea un nuevo grupo de personas con habilidades y perspectivas a las que de otro modo no habrías tenido acceso. Gracias a la web, se puede crear un grupo heterogéneo y multiétnico. La diversidad hace que el aprendizaje sea más enriquecedor y significativo con más ideas desde diferentes perspectivas, lo que permite una mejor visión de la realidad.

Las desventajas de un grupo mastermind virtual pueden producirse debido a una mala planificación y estructura del grupo. Esto incluye, pero no se limita a, reuniones ineficaces, plazos conflictivos debido a las diferentes zonas horarias y, a veces, el fracaso en la realización de tareas debido a problemas de comunicación. También es cierto que las relaciones en vivo o las reuniones en persona, tienen un flujo más armonioso debido a la falta de límites físicos y a la capacidad de las personas de interactuar utilizando las emociones. Esto podría indicar que los grupos de mastermind en persona son más eficaces que los virtuales.

5. Equipos Virtuales

Los cambios sociales y tecnológicos que está experimentando nuestro mundo han afectado drásticamente a la forma de trabajar de las personas. Ante las oportunidades e incertidumbres que conlleva el cambio, muchas empresas y corporaciones han optado por trasladar sus equipos al mundo virtual. Esto puede ser una tarea desalentadora, especialmente si se hace en forma aleatoria debido al cambio. Sin embargo, con la mentalidad adecuada y el conocimiento de lo que son los equipos virtuales y cómo dirigirlos eficazmente, tu empresa tiene el potencial de aumentar la productividad.

Los equipos virtuales son grupos de personas que pueden estar situadas en zonas geográficas diferentes, pero que comparten metas y objetivos comunes y que trabajan juntos a través de la tecnología.

Cómo Crear un Equipo Virtual

La creación de equipos capaces de colaborar eficazmente añade valor a la empresa en términos de creatividad, eficacia, eficiencia, nuevos conocimientos y amplitud de visión.

Los equipos virtuales suelen ser un factor clave para el éxito de un modelo de trabajo remoto. Los empleados se encuentran en distintos lugares geográficos y trabajan en diferentes zonas horarias. A veces, esto puede causar dificultades en la planificación y la colaboración. La comunicación no tiene lugar en persona, por lo que una buena comunicación y la confianza en los empleados, son esenciales para crear un equipo virtual.

Para crear un equipo virtual, debes decidir cuáles son sus objetivos y los valores fundamentales de la empresa que deseas adoptar. Hay varios tipos de equipos virtuales y estos se clasifican de acuerdo a sus objetivos, así que vamos a adentrarnos en ellos; analizaremos diez tipos.

El primer tipo de equipo virtual se denomina **equipo de red** y es aquel en el que se añaden miembros con diversos conjuntos de habilidades para complementarse e influirse mutuamente. Pueden ser personas internas de la empresa o externas (subcontratación). Sus miembros son expertos en un campo determinado y se reúnen para lograr un objetivo común. Los miembros también pueden ser relevados una vez que se haya completado su asignación y podrían incorporarse otros nuevos; no hay un equipo predeterminado.

Esta solución es muy utilizada por las empresas de consultoría y servicios tecnológicos. Cuando hay necesidades específicas que no puede satisfacer la empresa, se opta por un equipo de red. Esta opción es capaz de satisfacer cualquier petición del cliente. Incluso si la empresa no está especializada en la solicitud del cliente, es posible encontrar los recursos humanos especializados para satisfacer dicha demanda.

El segundo equipo es el de los **equipos paralelos**. Suelen estar formados por personas que trabajan en la misma organización. Es cuando una empresa forma un equipo con sus empleados para lograr un objetivo concreto. Así, a los miembros del equipo se les asignan tareas adicionales a las principales. Los miembros no cambian a menudo y el equipo trabaja para mejorar los procesos existentes.

Estos miembros – procedentes de diferentes áreas funcionales, ramas de la empresa y ubicaciones – tienen la misión de abordar un problema, responder a una demanda del mercado y hacer recomendaciones para la mejora de un proceso o sistema. Todos se sienten impulsados a compartir su opinión y a poner sus conocimientos a disposición de la consecución de objetivos predefinidos. Están muy centrados en la tarea y en la mayoría de los casos sólo dan recomendaciones. Esta solución suele ser utilizada por empresas multinacionales que tienen empleados con diferentes experiencias y conocimientos repartidos por todo el mundo. Con los equipos paralelos pueden reunirse diferentes habilidades y puntos de vista, tener múltiples perspectivas únicas para el problema, y también fomentar la colaboración entre las diferentes ramas de la empresa.

También los utilizan las agencias de ventas y marketing, y las empresas de investigación y desarrollo.

Suelen formarse por un periodo corto de tiempo y sus miembros permanecen hasta que se consigue el objetivo. Una vez que han completado su tarea, pueden volver a sus tareas principales, o asumir las siguientes.

Un ejemplo de equipos paralelos son los *círculos de calidad* (o de control de calidad) que se forman para resolver problemas y mejorar la calidad de los servicios, procesos, sistemas o productos. Los miembros se reúnen con la dirección de la empresa para debatir y proponer acciones de mejora. Identifican y analizan las actividades que necesitan ser revisadas o mejoradas y resuelven los problemas.

Los **equipos de desarrollo de productos** (o equipos de proyecto) son el tercer tipo de equipo virtual y se basan en la colaboración en red. Están compuestos por expertos de diferentes partes del mundo con el objetivo de desarrollar nuevos productos, sistemas de información, procesos

134

organizativos, ofrecer nuevos sistemas tecnológicos o rediseñar procesos operativos. La eficacia de este equipo está asociada a la rapidez con la que son capaces de crear y desarrollar nuevos productos y servicios.

Estos equipos suelen constituir el departamento de investigación y desarrollo de una empresa y ayudan a ésta a ser más innovadora e inventiva. Esto requiere mucha experiencia y conocimientos, y poder reunir a los mejores talentos experimentados en el desarrollo de productos de diferentes partes del mundo es una gran ventaja. Asignar una tarea a un equipo compuesto por personas multidisciplinares aumenta el nivel de creatividad.

Un ejemplo de ello son los *equipos interfuncionales*, en los que miembros con diferentes conocimientos funcionales trabajan para alcanzar un objetivo común. Cada miembro ofrece una perspectiva alternativa al problema y una posible solución para el mismo. La innovación es una ventaja competitiva clave y los equipos interfuncionales promueven la innovación mediante un proceso de colaboración creativa.

El cuarto tipo de equipo virtual que puede tener una empresa es un **equipo de servicio**, que se basa en miembros situados en diferentes zonas horarias para que la empresa pueda prestar asistencia al cliente 7 días a la semana, 24 horas al día. Aprovechar las diferentes ubicaciones geográficas permite una asistencia continua al cliente. Por ejemplo, cuando el equipo de apoyo termina su turno en un lugar, en el otro lado del mundo comienza y continúa su trabajo.

Con este sistema nunca se interrumpe la comunicación. Proporcionar a los clientes asistencia fuera del horario laboral normal, aumenta el aprecio de los clientes por la empresa y la probabilidad de que la recomienden a otros.

Estos equipos virtuales se utilizan habitualmente para el servicio de atención al cliente y el soporte 24 horas (atención al cliente, servicio posventa y soporte técnico).

El quinto tipo de equipo es el equipo de **dirección virtual** (o equipo de gestión), en el que los directivos están situados en diferentes lugares geográficos, pero pueden colaborar en las decisiones empresariales de alto nivel.

Estos equipos discuten principalmente las estrategias y los objetivos de la empresa, que su personal se encargará de poner en práctica. Su objetivo es tomar decisiones estratégicas para la empresa, aunque sus miembros suelen estar alejados y en distintos países y se reúnen con menos frecuencia que otros tipos de equipos.

Además de tomar decisiones importantes, supervisan las operaciones cotidianas, como la delegación de tareas y el control de los empleados. Suelen estar formados por directivos de diferentes divisiones, y pueden ser: Presidente, Director General (CEO), Director de Operaciones (COO), Director Financiero (CFO), Director de Marketing (CMO), Director de Tecnología (CTO), Director de Información (CIO), Director de Conocimiento (CKO), Director de Seguridad (CSO), Director de Riesgos (CRO), Director de Cumplimiento (CCO), Director de Ventas, Director Comercial, Director de Recursos Humanos, Director de Investigación y Desarrollo, Director de Productos, Director de Proyectos y Director de Planta.

Un ejemplo de equipos de gestión son los *equipos de dirección ejecutiva*, que planifican los distintos procesos de desarrollo y las operaciones principales de la empresa en su conjunto, como el desarrollo de los asuntos financieros y los planes de negocio. Están formados por miembros de la cúpula de la jerarquía de la organización, como el director general y el consejo de administración.

Este tipo de equipos suele encontrarse en empresas multinacionales que tienen el equipo directivo disperso por todo el país o el mundo.

Sexto tipo. Los **equipos funcionales** están formados por personas del mismo departamento o área y suelen realizar una única tarea bien definida. Los miembros tienen funciones bien definidas y colaboran en actividades regulares y continuas. Realizan actividades funcionales y, por tanto, pueden encontrarse en cualquier tipo de empresa. Estos equipos suelen trabajar juntos durante un largo periodo de tiempo.

Un ejemplo son los *equipos de producción*, formados por miembros con una función bien definida que se reúnen para realizar actividades regulares y continuas. Suelen trabajar de forma independiente, y sus esfuerzos combinados producen el resultado final.

Séptimo tipo. Los **equipos de acción** se forman para responder a problemas inmediatos y tienen una duración muy corta. Están formados por expertos que se reúnen en momentos de emergencia o situaciones extraordinarias para encontrar rápidamente una solución inmediata a un problema. Una vez resuelto el problema, el equipo se disuelve.

Son similares a los equipos paralelos, pero la principal diferencia es que los equipos paralelos hacen recomendaciones para mejorar, mientras que los equipos de acción tienen la capacidad de actuar para aplicar soluciones.

Pueden estar presentes en cualquier organización, independientemente de su tipo o sector. Son muy utilizados por las empresas de ingeniería.

También podemos tomar el ejemplo de los grupos de *task force* o *fuerza operativa* (una unidad operativa de emergencia) que son un grupo de expertos, de diferentes sectores empresariales y con distinta experiencia profesional, que se reúnen para desarrollar ideas, crear nuevas oportunidades o resolver un problema concreto. Estos equipos se asignan para hacer frente a situaciones concretas.

La expresión task force tiene su origen en el léxico militar, pero ahora también se utiliza en diversos contextos políticos y empresariales.

Team outsourcing o la subcontratación de equipos, es otro tipo de equipo, utilizado por quienes prefieren delegar determinadas tareas en entidades externas. La externalización actúa como una salida de emergencia que ofrece el departamento de recursos humanos a los directivos que tienen problemas en el entorno competitivo (Ates, 2013).

La reducción de costos, el apoyo a las estrategias de crecimiento de las empresas, la presión competitiva y el acceso a personal cualificado, son factores estratégicos para la externalización (Peeters & Lewin, 2006).

Muchas empresas subcontratan tareas en otros países, donde el valor del trabajo es menor, buscando abaratar costos sin sacrificar significativamente la calidad. Así, se establece una colaboración entre equipos internos y externos.

Esta puede ser una solución ventajosa, pero también hay

muchos problemas que resolver. Muchas empresas eligen a las compañías equivocadas y terminan con muchos proyectos fallidos.

A menudo, los resultados son diferentes de lo que uno desearía porque el equipo empieza a trabajar en el proyecto sin comprender plenamente las especificaciones del mismo. Esto también se debe a la mala comunicación debido a las barreras lingüísticas.

Los retrasos en las entregas son otro problema. Estos equipos trabajan en varios proyectos para muchos clientes y puede que no dediquen suficiente tiempo a tu proyecto. Por último, puede haber una falta de confidencialidad, estos equipos pueden violar el NDA (acuerdo de no divulgación o acuerdo de confidencialidad) y robar secretos comerciales.

Los factores clave del éxito de la externalización son el proceso de toma de decisiones, los socios, el contrato y la calidad de la asociación. La elección de la asociación de subcontratación debe basarse en una perspectiva social, más que económica. La calidad de la asociación está formada por factores como la confianza, el entendimiento empresarial, el reparto de beneficios/riesgos, el conflicto y el compromiso (Ates, 2013); y está influida positivamente por factores como la participación, la comunicación, el intercambio de información y el apoyo de la cúpula directiva, y negativamente por la antigüedad de la relación y la dependencia mutua (Lee & Kim, 1999).

Un ejemplo de estos equipos son los *equipos ISD offshore* (equipos de desarrollo de sistemas de información). Los ISD offshore se utilizan habitualmente para el desarrollo de software. Cada vez son más las empresas que subcontratan estas tareas a empresas extranjeras en las que el conjunto de competencias es bueno y no se sale del presupuesto.

Sin embargo, hay que tener cuidado. La externalización contemporánea del desarrollo de sistemas de información es cada vez más compleja. El socio de la subcontratación ha empezado a "re-externalizar" componentes de sus proyectos a otras empresas de subcontratación para minimizar los costos y ganar en eficiencia (Maduka Nuwangi et al., 2014). Esto significa que algunos problemas que se podrían dar podrían ser amplificados.

Otro tipo son los **equipos virtuales globales** (GVT). Pueden definirse como un grupo de trabajadores, reconocidos formalmente por la organización como un equipo, con miembros de diferentes países que son responsables colectivamente de los resultados en los distintos lugares, y que utilizan la tecnología en cierta medida para llevar a cabo su trabajo (Gibson & Grushina, 2021) y también como un grupo de personas que trabajan en tareas interdependientes impulsadas por un propósito común a través del espacio, el tiempo y las fronteras de la organización, con una comunicación apoyada principalmente por la tecnología en lugar de las reuniones en vivo (adaptado de Maznevski & Chudoba, 2000).

Por último, también se pueden encontrar **equipos híbridos** en los que algunas personas trabajan en la oficina y otras a distancia. Esto podría ser una buena solución para las empresas que se dedican a las ventas, en las que los vendedores trabajan en diferentes zonas geográficas cerca de sus clientes, así como para aumentar las tasas de conversión, ofreciendo así un mejor servicio de atención al cliente y soporte postventa.

Existen varios tipos de equipos virtuales pero, como se ha explicado anteriormente, sólo cuando los objetivos y valores de la empresa están claramente definidos, se puede formar un equipo virtual.

Ventajas y Desventajas de los Equipos Virtuales

Las ventajas de los equipos virtuales son similares a las del trabajo remoto e incluyen, entre otras, la flexibilidad, la reducción de los costos de oficina, el aumento de la productividad, un conjunto más amplio de habilidades y conocimientos a los que recurrir y, por último, la capacidad de una empresa para estar operativa y funcionar las 24 horas del día con equipos que trabajan virtualmente en diferentes zonas horarias. Las desventajas de los equipos virtuales son que puede haber fallos tecnológicos que dificulten el trabajo. Los equipos virtuales dependen de Internet y de otras formas de tecnología para que su trabajo tenga éxito, cuando estos sistemas fallan el trabajo no puede completarse. Otro problema con el que pueden toparse los equipos virtuales es la mala comunicación y la mala gestión. Sin líderes fuertes, los equipos virtuales no tendrán la dirección ni la motivación para completar las tareas y permanecer hasta que se completen los objetivos. A continuación, se exponen sugerencias para evitar estos problemas.

Fig. 10: La tecnología utilizada para la colaboración en equipos virtuales.

Cómo Gestionar Eficazmente y Optimizar el Rendimiento de un Equipo Virtual

Los equipos deben establecer mejores procesos organizativos y protocolos para la forma de trabajar y comunicarse en el trabajo.

La comunicación puede verse obstaculizada porque las personas no hablan entre sí en directo. La adaptación es necesaria para garantizar que la dirección sea capaz de realizar el trabajo y alcanzar los objetivos de la empresa. Para gestionar mejor tu equipo, tus empleados deben estar equipados con la **tecnología adecuada** para que puedan conectarse entre sí y con la dirección. Esto permitirá un flujo de trabajo fluido y sin problemas. La mejor tecnología no se limita al hardware, por ejemplo, ordenadores portátiles, tabletas o teléfonos inteligentes, sino también al software al que tienen acceso los empleados. Dar a tus empleados los mejores recursos posibles aumentará su capacidad de trabajar a distancia y garantizará que produzcan un trabajo de calidad.

La segunda forma de gestionar eficazmente un equipo virtual es **planificar las tareas** y tener un calendario de cómo deben completarse. Es necesario comunicar claramente los plazos y objetivos realistas para que el trabajo se realice con eficacia y eficiencia. Para optimizar el rendimiento del equipo virtual es necesario que la dirección delegue tareas; esto implica que **cada función debe estar claramente definida** para que los empleados entiendan lo que se espera de ellos. Todo el mundo tiene que saber qué hacer, cómo hacerlo y cuándo hacerlo. De este modo, las personas se sentirán más seguras y el equipo podrá trabajar con mayor eficacia. La dirección debe crear tareas más pequeñas que formen parte del panorama general para que el trabajo sea manejable y esté dentro de parámetros realistas para su realización. Esto permitirá que el trabajo se realice a tiempo y sea de alta calidad.

Los directivos también deben **hacer un seguimiento** de los que hacen un gran trabajo. Cuando se trabaja de forma virtual es fácil que los resultados pasen desapercibidos. Una característica del buen liderazgo es la capacidad de los directivos para reconocer lo que los miembros aportan al equipo y cuándo agradecer a los individuos y al equipo. También es importante que los directivos ayuden a **mantener el equilibrio** entre el trabajo y la vida privada de sus empleados y les animen a desconectarse, sobre todo cuando se hayan alcanzado los objetivos. Los empleados bien descansados producirán un mejor trabajo en las horas que tienen disponibles.

En este sentido, es necesario un cambio de ritmo en

términos de cambio cultural para ayudar a los empleados y a las organizaciones a hacer frente a los desafíos que plantea este enfoque relativamente nuevo, demarcando los límites entre lo laboral y lo no laboral y gestionando la expectativa de disponibilidad y accesibilidad constante (Molino et al. 2020).

Aumentar la Capacidad de Colaboración

Ya hemos visto lo importante que es la colaboración, pero ésta no se produce inmediatamente entre los miembros de un equipo. Se necesita tiempo y esfuerzo para conocer a los compañeros de equipo y establecer una buena relación de trabajo. Hay cuatro factores determinantes que pueden ayudar y fomentar la colaboración entre los miembros: la *capacidad de comunicación*, la *capacidad de escucha*, la *inteligencia emocional* y el *respeto a la diversidad*.

Desarrollar una buena **capacidad de comunicación** es un factor clave para establecer buenas relaciones. Cualquier tipo de comunicación nos pone en relación con los demás, así que es muy importante prestar atención a cómo nos comunicamos, porque la forma en que nos comunicamos influye en lo que llegamos a ser. Pensar antes de hablar, elegir bien las palabras y expresar las opiniones con respeto, es un buen comienzo.

Para comunicarse eficazmente, es necesario desarrollar una buena **capacidad de escucha**, que también es esencial para una buena colaboración. Como nos enseñó el antiguo filósofo griego Zenón de Ceti, la razón por la que tenemos dos oídos y una boca es que debemos escuchar más y hablar menos. Unos siglos más tarde, Plutarco también reiteró que la naturaleza nos ha dado a cada uno dos oídos pero una sola lengua, porque estamos obligados a escuchar más de lo que hablamos.

Escuchar también significa tener respeto por el interlocutor. No debemos utilizar la *escucha pasiva*, que suele utilizarse para desanimar al interlocutor, ni la *escucha selectiva*, que suele utilizarse para contraatacar, sino la *escucha activa*: la capacidad de prestar toda la atención a nuestro interlocutor (prestar toda la atención a la comunicación verbal y no verbal).

"Al verter algo, la gente inclina y gira los recipientes para que la operación tenga éxito y no haya dispersión, mientras que al escuchar aprenden a ofrecerse al orador y a seguirlo con atención, para que no se les escape ninguna afirmación útil."

Plutarco

La escucha activa nos ayuda a entender realmente a la otra

persona y a comprender plenamente los mensajes comunicados, nos ayuda a establecer relaciones sólidas y de confianza y mejora la transferencia de conocimientos. ¡Escuchando se aprende!

Por último, la capacidad de escuchar reduce las tensiones entre los miembros, porque los que son escuchados bajan sus defensas y reducen su agresividad.

El tercer factor es la **inteligencia emocional**; hay muchas definiciones que se refieren a la capacidad de reconocer, utilizar, comprender y gestionar conscientemente las propias emociones y las de los demás. Pero no estoy de acuerdo con ellas. No somos robots que podamos controlar y gestionar nuestras emociones, pero sí podemos controlar y gestionar nuestras reacciones ante una emoción.

La inteligencia emocional es una habilidad que nos ayuda a percibir, comprender y gestionar nuestras propias reacciones y las de los demás, cuando la mente nos ofrece una emoción en respuesta a una experiencia que estamos viviendo.[10]

10. Me gustaría hacer algunas aclaraciones. No somos nuestra mente, somos la conciencia primordial. La naturaleza ontológica del ser humano es espiritual. Estamos dotados de un instrumento muy sofisticado a bordo que es nuestra mente y que nos permite interactuar en el mundo físico.

Nuestra mente nos permite conectar con la materia en el mundo material y, por tanto, permite esta conexión dimensional entre nuestra dimensión espiritual y la dimensión física del mundo material.

Cuando tenemos una experiencia, la mente nos ofrece una emoción. Nuestras emociones nos las ofrece nuestra mente como respuesta a la experiencia que estamos viviendo. Podemos reaccionar con un método reactivo (sometiéndonos a la "provocación") o con un método reflexivo: actuando como un observador externo, observando lo que ocurre a nuestro alrededor tanto ambiental como psíquicamente, tomando conciencia del aquí y ahora, distanciándonos de los condicionamientos emocionales, deprimiendo las cargas emocionales y contemplando.

No controlamos ni gestionamos las emociones, sino las reacciones.

Esta habilidad es útil para entender cómo se sienten los demás miembros del equipo y saber cuándo necesitan ayuda y apoyo. Esto mejora la colaboración.

El cuarto factor es el **respeto a la diversidad**. La colaboración prospera en un entorno que respeta la diversidad, evita la discriminación y es sensible a los orígenes étnicos y religiosos de los demás miembros del equipo.

Hábitos Eficaces para los Equipos

Hay algunos hábitos realmente eficaces que pueden mejorar el rendimiento de los equipos. El primero de ellos es **invertir tiempo en conocerse** para desarrollar la capacidad de conexión humana. Una vez establecido el equipo, cada uno de sus miembros debe conocerse y comprender su trayectoria personal, sus habilidades, sus limitaciones y sus puntos fuertes; poner en contacto sus experiencias, conocimientos y pericia. Será útil hablar de cosas de la vida para conectar a nivel humano, reunirse físicamente para divertirse, jugar y comer algo juntos.

El segundo es **estar orientado al éxito**. Etimológicamente, la palabra *"éxito"* procede del latín *"succedere"*, que significa *"ascender"* o *"seguir"*. Los diccionarios definen el éxito como *"ser bueno en algo"* o *"alcanzar un objeto o meta deseada"*.

Desde este punto de vista, no existe una única medida objetiva del éxito. Tiene que ver con la capacidad de alcanzar objetivos. Básicamente, *"tener éxito"* tiene que ver con el desarrollo de las habilidades y los recursos necesarios para lograr los resultados que deseas.

Los objetivos tienen diferentes niveles:

- *Nivel ambiental:* producir o poseer algo

- *Nivel de comportamiento:* hacer algo que se quiera

hacer o superar un reto físico

- *Nivel de capacidad:* desarrollar o aplicar una determinada habilidad

- *Nivel de convicciones y valores:* actuar o vivir de acuerdo con tus principios y filosofía

- *Nivel de identidad:* convertirte en un determinado tipo de persona o cumplir con tu vocación

- *Nivel de visión y propósito:* hacer una contribución o "crear un mundo al que la gente quiera pertenecer".

Así que es posible tener éxito en diferentes niveles al mismo tiempo, o tener éxito en un nivel pero no en otros.

La orientación al éxito lleva a desarrollar otro hábito: **buscar constantemente formas de mejorar**. Puede tratarse de compartir las mejores prácticas, tener ganas de innovar y querer aplicar nuevas ideas para mejorar la empresa. Reúnanse regularmente para hablar de lo que funciona y lo que no. Los equipos deben dedicar tiempo a hacerse preguntas como *"¿Qué podemos mejorar?"* o *"¿Cómo podemos mejorar?"*. La naturaleza de la vida es aspirar a más y más vida, nuestra naturaleza humana es desear una vida mejor, más feliz, más rica y más abundante. Inspirarse para crecer, elevarse y avanzar es honrar la vida.

Otro hábito es tener una **claridad mental** legendaria sobre cómo llevar a cabo el trabajo del día: estar centrado sólo en lo que es realmente importante; las tareas diarias no deben ser aleatorias, sino pasos de acción específicos que te ayuden a acercarte a un objetivo; saber exactamente qué hacer, cómo hacerlo y cuándo hacerlo. La claridad mental ayuda a mantener los objetivos en el punto de mira y a tener un sentido claro de la misión de la empresa.

El hábito de **celebrar los éxitos** es otro gran hábito. Antes de pensar en el siguiente objetivo, es importante celebrarlo. Una vez que hemos conseguido lo que queremos, es importante disfrutar de ello. Celebrar los éxitos nos llena de energía y estaremos más motivados para alcanzar nuestros próximos objetivos.

Es un buen hábito detenerse también y reflexionar sobre los elementos que nos permitieron alcanzar esa meta, esto nos ayuda a ser más conscientes de nuestra fuerza y aumenta nuestra confianza en nosotros mismos.

Planifica una bonita cena de grupo, un viaje, una experiencia memorable de cualquier tipo o hazte un regalo. Recompénsate a ti mismo. Comparte tu felicidad con las personas que te rodean. Después del esfuerzo viene la recompensa. Tienes que reconocerte a ti mismo lo que has hecho, y expresar tu gratitud; te ayudará a abrir más puertas para recibir más acontecimientos positivos.

Pero lo más importante es no esperar a alcanzar una determinada meta para ser feliz. No importa a dónde vayamos ni lo que consigamos, el secreto es disfrutar del viaje; disfrutar de cada momento de este extraordinario viaje llamado vida.

Por último, el hábito de **ser altamente productivo.** Evita la sobrecarga de información, la multitarea y las constantes interrupciones. Adopta el principio de monofocalización y aplica todas las estrategias de productividad expresadas anteriormente.

Virtudes del Equipo Virtual

Los equipos deben tener virtudes – disposiciones constantes para hacer el bien que motiven a sus miembros a esforzarse por alcanzar metas elevadas – para vivir y trabajar con rectitud y en armonía.

Ser consciente de lo que significa ser miembro de un equipo, ser digno de confianza y asumir responsabilidades; desarrollar la fuerza y la templanza para no perder el equilibrio en los entornos virtuales; evitar los insultos; no invadir los espacios con spam; desarrollar la capacidad de atención selectiva para no dejarse robar la atención; desarrollar la capacidad de filtrar la información seleccionándola de las fuentes correctas sin conflictos de intereses; no ceder al conformismo de las redes sociales, para no perder la identidad y exaltar la singularidad; mantener el interés general en los proyectos; dialogar para fijar objetivos claros, definir previamente los roles y las responsabilidades; comprometerse por el interés del grupo; pensar y reflexionar antes de actuar; no detenerse en las apariencias; aumentar la capacidad crítica hacia lo que nos rodea; salir del egocentrismo para permitir un espíritu de grupo en el que las interacciones cobren sentido.

Consejos sobre Equipos Virtuales

La comunicación es esencial cuando se trabaja con y en un equipo virtual. Es necesario proporcionar instrucciones claras y contar con un apoyo tecnológico adecuado. El uso de todas las herramientas de comunicación disponibles garantiza que los miembros del equipo tengan todas las formas posibles de ponerse en contacto con la dirección. Además, las herramientas de comunicación y un cronograma, permitirán una **preparación más eficaz de las reuniones.**

Las reuniones son muy importantes, pero pueden convertirse en una pérdida de tiempo. Por ello, te ofrecemos algunos consejos para aumentar su eficiencia y eficacia:

- *No programes una reunión en un momento muy productivo.*

- *La reunión debe tener una hora de inicio y de finalización, un orden del día claro y un objetivo final bien definido.*

- *La reunión debe comenzar con un punto de ruptura: 1 minuto de silencio.*

- *la reunión debe llevarse a cabo en modo monofocal y monotarea: sólo existe la reunión, sin distracciones, con la máxima concentración, permaneciendo en el momento presente.*

- *sé educado y ten respeto por la reunión: retira los smartphones y las tablets de tu campo de visión, si no puedes apagarlos porque eres adicto a ellos, al menos desactiva las notificaciones.*

- *no participar a reuniones que no sirvan para el crecimiento de la empresa y el desarrollo de proyectos.*

Programar reuniones no demasiado frecuentes, pero dentro de un calendario realista, permitirá a los empleados completar las tareas y tener suficiente información para interactuar con la dirección. De este modo, se conseguirá una mejor planificación para alcanzar los objetivos de la empresa.

Un buen estilo de **liderazgo** es esencial para gestionar un equipo virtual. A veces es necesario elegir líderes para dar ejemplo, fomentar líneas de comunicación abiertas y facilitar las reuniones y las tareas. Un verdadero líder será capaz de seleccionar cuidadosamente a las personas que sabe que impulsarán los objetivos de la empresa e inspirarán a otros a compartir sus habilidades y conocimientos. Los líderes fuertes también serán capaces de motivar a sus equipos y animar a cada miembro en sus puntos fuertes para que se pueda alcanzar un objetivo global. Los miembros del equipo estarán más dispuestos a comprometerse y esto también dará lugar a un proyecto de mayor calidad.

Es muy importante identificar y maximizar los **puntos fuertes** de cada miembro del equipo, ya que cada persona aportará algo valioso al proyecto. Los miembros deben realizar menos tareas administrativas y centrarse en lo que saben hacer. De este modo, se obtienen mejores resultados y satisfacción a largo plazo.

Establecer un **día de productividad extrema** es una gema, un acontecimiento en el que todos los miembros del equipo mantienen sus teléfonos apagados y no revisan los correos electrónicos. La gente sabe que no será buscada y que no buscará a los demás, por lo que no dará ni recibirá interrupciones.

Tener **objetivos interdependientes** fomentará la colaboración porque los miembros se necesitarán mutuamente para tener éxito.

Asegúrate de que haya una **diversidad de habilidades** entre los miembros. Ya hemos dicho que un equipo con un conjunto diverso de habilidades, competencias, experiencias y perspectivas será más fuerte.

Los **miembros de un equipo deben ser estables** a lo largo del tiempo, el equipo no desarrolla todo su potencial cuando la gente se une y se va todo el tiempo.

Con un equipo virtual, a menudo hay miembros del equipo que trabajan desde ubicaciones internacionales. Esto lleva a la **interacción de diferentes tipos de culturas**, especialmente en términos de prácticas empresariales. Los líderes y los miembros deben mantener una mente abierta y estar dispuestos a comprender y comprometerse. De este modo, se creará una sólida base de confianza y se forjarán relaciones sólidas y duraderas.

Promover la **escucha mutua** y crear un equipo de oyentes atentos, será otro valor añadido.

Un buen equipo virtual no tiene demasiados miembros y se centra más bien en una comunicación sólida, la capacidad de trabajar de forma independiente y que los miembros del equipo tengan una buena inteligencia emocional. Estos factores son los que permitirán a un equipo trabajar con eficacia y eficiencia aunque no trabajen cara a cara.

Conclusión

En esta guía se han explicado en profundidad los conceptos de trabajo ágil y remoto, así como las redes de colaboración, los grupos mastermind y cómo crear equipos virtuales utilizando los principios del mastermind. Las ventajas y desventajas de cada tema han creado una imagen clara de cómo debes planificar la creación de tus equipos utilizando modelos de trabajo remoto o smart working.

El mundo cambia constantemente y esto también se aplica al mundo empresarial. Los cambios y las experiencias que ha vivido el mundo en los últimos años han cambiado en gran medida la forma de ver el trabajo y la manera de pensar sobre el trabajo y la resolución de problemas. El trabajo remoto, aunque no es un concepto nuevo, ha ganado popularidad y es en este momento cuando las empresas deben empezar a cambiar su forma de pensar hacia modelos de trabajo a distancia. Tienen el potencial de producir algunos de los trabajos de mejor calidad, a la vez que ofrecen flexibilidad a los empleados en términos de ubicación, horario y a menudo incluso el tipo de trabajo disponible.

Los Límites Sólo Están En Tu Mente

Utiliza todo lo que has aprendido en este libro para llevar la innovación a tu negocio. Desde nuevos proyectos internacionales hasta colaboraciones internacionales, ahora tienes los conocimientos necesarios para crear empresas virtuales que te ayudarán a insertarte en un mercado aún mayor, ampliando el alcance de tu empresa. Amplía tu mercado y tu negocio con una mejor base de conocimientos que obtendrás a través de los grupos mastermind, que cuentan con miembros de todo el mundo. Comprender la importancia de los grupos y ponerlos en práctica en tu empresa resultará un activo inestimable.

Los grupos son capaces de potenciar las características del individuo, permitiéndole aprovechar al máximo sus habilidades y las de los demás. Los grupos ofrecen la oportunidad de encontrar colaboradores que aporten soluciones, personas comprometidas con la comprensión de tus objetivos. Te permitirán interactuar con personas con diferentes habilidades y niveles de inteligencia, personas que aportan soluciones. Interactuarás con una diversidad de personas que han tenido diferentes experiencias y tienen el potencial de aportar mejores resultados.

Los límites sólo están en tu mente.

Estoy sentado en mi sillón observando un cisne
negro que es blanco. La perturbación es inevitable.
La interrupción de la tecnología es inevitable.
Tendrás que desempolvar tu pala, cooperar con la
tierra, cooperar con las plantas y los animales. Si es
cierto que todos estamos interconectados, me
encontrarás en esta página en el momento
oportuno.

Afortunada es la persona que aprende a dominar el
Poder del Mastermind.

Créditos de las fotos

Fig. 1: *Photo by Marvin Meyer* on Unsplash.com.
https://unsplash.com/photos/SYTO3xs06fU

Fig. 2: *Photo by Magnet.me* on Unsplash.com.
https://unsplash.com/photos/LDcC7aCWVlo

Fig. 3: *Photo by Daria Mamont* on Unsplash.com.
https://unsplash.com/photos/qzdHPRTnawg

Fig. 4: *Photo by LinkedIn Sales Solutions* on Unsplash.com.
https://unsplash.com/photos/Be5aVKFv9ho

Fig. 5: *Photo by Jason Goodman* on Unsplash.com.
https://unsplash.com/photos/Oalh2MojUuk

Fig. 6: *Photo by LinkedIn Sales Solutions* on Unsplash.com.
https://unsplash.com/photos/FCr_Oglkth0

Fig. 7: "Cuerpo, Biocampo e Campo Eléctrico Mental" by Zeloni Magelli

Fig. 8: *Photo by Brooke Cagle* on Unsplash.com.
https://unsplash.com/photos/g1Kr4Ozfoac

Fig. 9: *Photo by Jed Villejo* on Unsplash.com.
https://unsplash.com/photos/bEcC0nyIp2g

Fig. 10: *Photo by Gabriel Benois* on Unsplash.com.
https://unsplash.com/photos/qnWPjzewewA

Referencias Bibliográficas

American Chemical Society (2016). *Selecting the right house plant could improve indoor air (animation)*. Philadelphia, Aug. 24, 2016 Retrivied from https://www.acs.org/content/acs/en/pressroom/newsreleases/2016/august/selecting-the-right-house-plant-could-improve-indoor-air-animation.html

Afsarmanesh, H., Camarinha-Matos, L. M., (2005). A Framework for Management of Virtual Organization Breeding Environments. In: Collaborative Networks and their Breeding Environments, Springer, pp. 35-48, Valencia, Spain, 26-28 Sept 2005.

Akbar, F., et al. (2019). *Email Makes You Sweat: Examining Email Interruptions and Stress Using Thermal Imaging*. Proceedings of the 2019 CHI Conference on Human Factors in Computing Systems. DOI:10.1145/3290605.3300898

Angulo, P., S., De Benito, J., J., Araúzo, J. A., (n.d.). *An Agent-Based Framework for Selection of Partners in Dynamic Virtual Enterprises*. Framed inside the Project DPI2001-1903, financed by the Spain Ministry of Science and Technology.

Armstrong, M. J. (2017). Improving email strategies to target stress and productivity in clinical practice. *Neurology Clinical Practice*. 2017 Dec; 7(6): 512–517. DOI:10.1212/CPJ.0000000000000395

Ates, M. Fikret. (2013). The Effect of Partnership Quality on Outsourcing Success in Human Resources Functions. *International Journal of Academic Research in Business and Social Sciences*. 3. 10.6007/IJARBSS/v3-i12/487.

Babauta, L. (2009) *The Power of LESS: The 6 Essential Productivity Principles That Will Change Your Life.* Hay House.

Berkley, University of Califorinia. (2021). *When everyone works remotely, communication and collaboration suffer, study finds.* Phys.org. https://phys.org/news/2021-09-remotely-collaboration.html

Bernardi, L. (2018). *Biorisonanza quantistica e riequilibrio energetico*. Progetto Benessere Completo. Retrivied from https://www.progettobenesserecompleto.it/articoli/biorisonanza-quantistica-e-riequilibrio-energetico

Bayern, M. (2019). *Why remote work has grown by 159% since 2005* https://www.techrepublic.com/article/why-remote-work-has-grown-by-159-since-2005/

Bondanini, G., Giorgi, G., Ariza-Montes, A., Vega-Muñoz, A., & Andreucci-Annunziata, P. (2020). Technostress Dark Side of Technology in the Workplace: A Scientometric Analysis. *International journal of environmental research and public health, 17*(21), 8013. https://doi.org/10.3390/ijerph17218013

Bradberry, T. (n.d.). *Multitasking Damages Your Brain and Your Career, New Studies Suggest..* TalentSmart EQ. Retrieved July 7, 2019, from https://www.talentsmart.com/articles/Multitasking-Damages-Your-Brain-and-Your-Career,-New-Studies-Suggest-2102500909-p-1.html

Bradt, S. (2010). *Wandering mind not a happy mind.* The Harvard Gazzette https://news.harvard.edu/gazette/story/2010/11/wandering-mind-not-a-happy-mind/

Brod C., (1984). Technostress: The Human Cost of the Computer Revolution. Addison-Wesley; Reading, MA, USA: 1984.

Camarinha-Matos, L. M., (2009). Collaborative Networks Contribution to Sustainable Development. In: Proceedings of SWIIS 2009 – *IFAC Workshop on Supplementary Ways for Improving International Stability (invited)*, Bucharest, Romania, 28-30 Oct 2009. ID 10.3182/20091028-3-RO-4007.00020.

Camarinha-Matos, L. M., (2004). Virtual Enterprises and Collaborative Networks: IFIP 18th World Computer Congress TC5/WG5.5 — 5th Working Conference on Virtual Enterprises 22–27 August 2004 Toulouse, France. Springer.

Camarinha-Matos, L. M., & Afsarmanesh, H., (2005). Collaborative Networks: A New Scientific Discipline. Journal of Intelligent Manufacturing 16, 439-452.

Camarinha-Matos, L. M., & Afsarmanesh, H., (n.d.). Collaborative Networks. *IFIP International Federation for Information Processing*, 26–40. https://doi.org/10.1007/0-387-34403-9_4

Camarinha-Matos, L. M., Benaben, F., Picard, W. (2015). Risks and Resilience of Collaborative Networks: 16th IFIP WG 5.5 Working Conference on Virtual Enterprises, PRO-VE 2015, Albi, France, October 5-7, 2015, Proceedings. Springer.

Carciofi, A. (2017). Digital Detox: Focus & Produttività per il manager nell'era delle distrazioni digitali. Milano, Hoelpi.

Centro di Medicina Biologica, (2019). *Biorisonanza quantistica.* Centro di Medicina Biologica. Retrieved from https://www.centrodimedicinabiologica.it/terapie/medicina-quantistica-biorisonanza/

Civil Service College. (2018). *Understanding the differences between teamwork and collaboration.* Civil Service College. https://www.civilservicecollege.org.uk/news-understanding-the-differences-between-teamwork-and-collaboration-203

Clark, M. A., Smith, R. W., Haynes, N. J. (2020). The Multidimensional Workaholism Scale: linking the conceptualization and measurement of workaholism. *Journal of Applied Psychology,* 105(11), 1281. https://doi.org/10.1037/apl0000484

Di Stefano, G. & Gaudiino, M. (2019) Workaholism and work engagement: how are they similar? How are they different? A systematic review and meta-analysis, *European Journal of Work and Organizational Psychology,* 28:3, 329-347, DOI: 10.1080/1359432X.2019.1590337

Dean, K. L. (2013). *Alternative and Complementary Therapies.* Jun 2003.142-145.http://doi.org/10.1089/107628003322017396

Dépincé, P., Chablat, D., Woelk, P-O. (2004). Virtual Manufacturing: Tools for improving Design and Production. *CIRP International Design Seminar,* 2004, Caire, Egypt. pp.1-12.

Fels, D. (2018). The Double-Aspect of Life. *Biology, 7*(2), 28. doi:10.3390/biology7020028

Formisano, M. (2016). *Produttività 300%: Triplica i risultati e Goditi la vita.* Torino, Uno Editori

Franssila, H., Okkonen, J.M., & Savolainen, R. (2014). Email intensity, productivity and control in the knowledge worker's performance on the desktop. *MindTrek.*

Galeano Sánchez, N., G., Guerra Zubiaga, D., A., Irigoyen González, J., A., Molina, A. (n.d.). *Virtual Breeding Environment: A First Approach to Understand Working and Sharing Principles* Centre for Integrated Manufacturing Systems, Eugenio Garza Sada 2501, 64849 Monterrey, Mexico

Gibson, C. B., Grushina, S. V. (2021). "A Tale of Two Teams: Next Generation Strategies for Increasing the Effectiveness of Global Virtual Teams". *Organizational Dynamics.* Virtual Teams. 50 (1): 100823. doi:10.1016/j.orgdyn.2020.100823. ISSN 0090-2616.

Goleman, D. (2014). *Focus. The Hidden Driver of Ecellence* (trad. it. *Focus: come mantenersi concentrati nell'era della distrazione.* Best BUR, 2016)

Griffin, L. (2019). Network Switching: Definition & Types. *Study.com,* 29 October 2019. Retrieved from https://study.com/academy/lesson/network-switching-definition-types.html.

Griffiths, M. D., Demetrovics, Z., Atroszko, P. A. (2018). Ten myths about work addiction. *Journal of Behavioral Addictions*, 7 (4), 845–857. https://doi.org/10.155 /2006.7.2018.05

Hyken, S. (2021). *The Impact Of The Remote Workforce.* Forbes. https://www.forbes.com/sites/shephyken/2021/02/28/the-impact-of-the-virtual-work-from-home-workforce/.

Jackson, DJ. (2011) *'What is an Innovation Ecosystem?'* National Science Foundation, Arlington, VA

Jones, Timothy T. (2015). *Monitoring Volatile Organic Compounds Removal by Indoor Plants*. 2015 SUNY Undergraduate Research Conference.

Kafatos, M. C., Chevalier, G., Chopra, D., Hubacher, J., Kak, S., & Theise, N. D. (2015). Biofield Science: Current Physics Perspectives. *Global advances in health and medicine*, 4(Suppl), 25–34. https://doi.org/10.7453/gahmj.2015.011.suppl

Kekatos, M. (2021). *Fully remote workers spend 25% less time collaborating, have fewer real-time conversations and decrease hours spent in meetings by 5%, study of Microsoft employees finds*. Dailymail.Com https://www.dailymail.co.uk/health/article-9973963/Fully-remote-workers-spend-25-time-collaborating-fewer-real-time-conversations.html

Keller, G. and Papasan, J. (2018). Il Segreto nella vita è scegliere UNA COSA SOLA su cui concentrarsi per ottenere risultati eccezionali. TEA

Koschtial, C. (2021). Understanding e-Science—What Is It About? DOI:10.1007/978-3-030-66262-2_1 In book: e-Science, Open, Social and Virtual Technology for Research Collaboration (pp.1-9)

Kürümlüoglu, M., Nostdal, R., & Karvonen, I. (2005). Base concepts. In L. M. Camarinha-Matos, H. Afsarmanesh, & M. Ollus (Eds.), *Virtual Organizations: Systems and Practies* (pp. 11-28). Springer.

Lee, Jae-Nam & Kim, Young-Gul (1999) Effect of Partnership Quality on IS Outsourcing Success: Conceptual Framework and Empirical Validation, Journal of Management Information Systems, 15:4, 29-61, DOI: 10.1080/07421222.1999.11518221

Levin, D., Z., Walter, J., Appleyard, M., M. (2011). *Trusted Network-Bridging Ties: A Dyadic Approach to the Brokerage-Closure Dilemma.* http://www.levin.rutgers.edu/research/trusted-bridging-ties-paper.pdf

Lifegate, (2009). *Medicina quantistica: cos'è la cura quantica e come funziona.* Lifegate. Retrieved from https://www.lifegate.it/medicina_quantistica_come_cura

Longqi Yang, David Holtz, Sonia Jaffe, Siddharth Suri, Shilpi Sinha, Jeffrey Weston, Connor Joyce, Neha Shah, Kevin Sherman, Brent Hecht & Jaime Teevan. (2021). The effects of remote work on collaboration among information workers, *Nature Human Behaviour* (2021). DOI: 10.1038/s41562-021-01196-4

Lowrie, Lisa M. (2019). *Exploring the relationships of Email Overload, Stress and Burnout in Social Workers Social Work Doctoral Dissertations.* 9. https://research.library.kutztown.edu/socialworkdissertations/9

Maduka Nuwangi, S., Sedera, D., C. Srivastava, S. and Murphy, G. (2014), "Intra-organizational information asymmetry in offshore ISD outsourcing", *VINE*, Vol. 44 No. 1, pp. 94-120. https://doi.org/10.1108/VINE-04-2013-0023

Mark, G., Iqbal, S. T., Czerwinski, M., Johns, P., Sano, A., Lutchyn, Y. (2016). *Email Duration, Batching and Self-interruption: Patterns of Email Use on Productivity and Stress.* Proceedings of the 2016 CHI Conference on Human Factors in Computing Systems. DOI:10.1145/2858036.2858262

Martínez-Córcoles M., Teichmann M., Murdvee M. (2017). Assessing technophobia and technophilia: Development and validation of a questionnaire. *Technol. Soc.* 2017;51:183–188. doi: 10.1016/j.techsoc.2017.09.007.

Maznevski, M. L. & Chudoba, K. M. (2000). Bridging space over time: Global virtual team dynamics and effectiveness. *Organization Science*, 11(5), 473–492. https://doi.org/10.1287/orsc.11.5.473.15200

McKusick, E. D. (2014). *Tuning the Human Biofield: Healing with Vibrational Sound Therapy.* Healing Arts Press. Rochester, Vermont.

Miltz, A. (2020). *Remote work frequency before/after COVID-19 2020.* Statista. https://www.statista.com/statistics/1122987/change-in-remote-work-trends-after-covid-in-usa/

Molino, M., Ingusci, E., Signore, F., Manuti, A., Giancaspro, M. L., Russo, V., Zito, M., Cortese, C. G. (2020). Wellbeing Costs of Technology Use during Covid-19 Remote Working: An Investigation Using the Italian Translation of the Technostress Creators Scale. *Sustainability.* 12(15):5911 DOI:10.3390/su12155911

Morkevičiūtė, M. & Endriulaitiene, A. (2021). *Workaholism and Work Addiction: The Differeces in Motivational factors.* October 2021. DOI:10.15388/Soctyr.44.2.6

Muehsam, D., Chevalier, G., Barsotti, T., & Gurfein, B. T. (2015). An Overview of Biofield Devices. *Global advances in health and medicine,* 4(Suppl), 42–51. https://doi.org/10.7453/gahmj.2015.022.suppl

Newport, C. (2021). *A World Without Email: Reimagining Work in an Age of Communication Overload.* USA: Portfolio, Penguin.

Niu, D. (2021). *New Hires Suffering in Silence: Two Key Ingredients Missing from Remote Onboarding Programs.* TINYpulse. https://www.tinypulse.com/blog/new-hires-suffering-in-silence-wfh-remote-onboarding

Oates, W.E. (1971). *Confessions of a workaholic: The facts about work addiction.* New York: World.

Ouzounis, E. K. (2001). *An Agent-Based Platform for the Management of Dynamic Virtual Enterprises.* Dissertation von der Fakultät Elektrotechnik und Informatik der Technischen. Universität Berlin.

Peeters, C. & Lewin, A. (2006). *Offshoring administrative and technical work: business hype or the onset of fundamental strategic and organizational transformation?.* ULB - Universite Libre de Bruxelles, ULB Institutional Repository.

PMI.it, (2021). *Ufficio, casa o smart working? Le preferenze degli italiani.* https://www.pmi.it/economia/lavoro/350992/home-o-smart-working-le-preferenze-degli-italiani.html

Popp, F. A., & Beloussov, L. V. (Eds.). (2013). *Integrative biophysics: biophotonics.* Springer Science & Business Media.

Prossack, A. (2021). *5 Statistics Employers Need To Know About The Remote Workforce.* Forbes. https://www.forbes.com/sites/ashiraprossack1/2021/02/10/5-statistics-employers-need-to-know-about-the-remote-workforce/?sh=492b3df0655d

Reynolds, B. W. (n.d.). *The Mental Health Benefits of Remote and Flexible Work.* Mental Health America.

https://mhanational.org/blog/mental-health-benefits-remote-and-flexible-work

Ribeiro, L., Barata, J. (2006). *New Shop Floor Control Approaches for Virtual Enterprises.* Enterprise and Work Innovation Studies, No. 2, 2006 IET, Monte de Caparica, Portugal

Roe, D., (2021). *Is Remote Working Really Impeding Collaboration and Communication?.* Reworked. https://www.reworked.co/digital-workplace/is-remote-working-really-impeding-collaboration-and-communication/

Rubik, B., Muehsam, D., Hammerschlag, R., & Jain, S. (2015). Biofield Science and Healing: History, Terminology, and Concepts. *Global advances in health and medicine*, 4(Suppl), 8–14. https://doi.org/10.7453/gahmj.2015.038.suppl

Salanova M., Llorens S., Ventura M. (2014). *Technostress: The dark side of technologies*. In: Korunka C., Hoonakker P., editors. The impact of ICT on Quality of Working Life. Springer; Dordrecht, The Netherlands: pp. 87–103.

Scholkmann, F., Fels, D., & Cifra, M. (2013). Non-chemical and non-contact cell-to-cell communication: a short review. *American journal of translational research*, 5(6), 586–593.

Scholten, V., Omta, O., Kemp, R., Elfring, T. (2015). Bridging ties and the role of research and start-up experience on the early growth of Dutch academic spin-offs. *Technovation.* Volumes 45–46, November–December 2015, Pages 40-51

Simon, B. (2017). *Collaboration Networks: Bringing Together a Team to Accomplish Your Projects.* Smartsheet https://www.smartsheet.com/collaboration-networks

Tarafdar, M.; Tu, Q.; Ragu-Nathan, T.S. (2010). Impact of technostress on end-user satisfaction and performance. *J. Manag. Inf. Syst.* 2010, 27, 303–334.

Toyoda, M., Yokota, Y., Barnes, M., & Kaneko, M. (2020). Potential of a Small Indoor Plant on the Desk for Reducing Office Workers' Stress. *Horttechnology*, 30, 55-63.

Tracy, B. (2013). *Time Management*. Amacom. (trad. it *Gestione del Tempo*. Milano, Gribaudi, 2015)

Weil, M.M.; Rosen, L.D. (1997). *Technostress: Coping with Technology @Work @Home @Play*; Wiley: New York NY, USA, 1997.

Wolverton, B. B., Nelson M. (2020). "Using plants and soil microbes to purify indoor air: lessons from NASA and Biosphere 2 experiments", *Field Actions Science Reports* [Online], Special Issue 21 | 2020, Online since 24 February 2020, connection on 09 January 2021. URL: http://journals.openedition.org/factsreports/6092

Wolverton, B. C., Johnson, A., Bounds, K. (1989). *Interior Landscape Plants for Indoor Air Pollution Abatement*. NASA. September 15, 1989. https://ntrs.nasa.gov/api/citations/19930073077/downloads/19930073077.pdf

Yassa, Morcous M., Hassan, Hesham A., Omara, Fatma A. (2014). Utilizing CommonKADS as Problem-Solving and Decision-Making for Supporting Dynamic Virtual Organization Creation. IAES *International Journal of Artificial Intelligence* (IJ-AI) Vol. 3, No. 1, March 2014, pp. 1~6 ISSN: 2252-8938

Zeloni Magelli, E. (2020). *Miglioramento della Memoria: Il Libro sulla Memoria per Incrementare la Potenza Cerebrale - Cibo e Sane Abitudini per il Cervello per Aumentare la Memoria, Ricordare di Più e Dimenticare di Meno.* Edoardo Zeloni Magelli